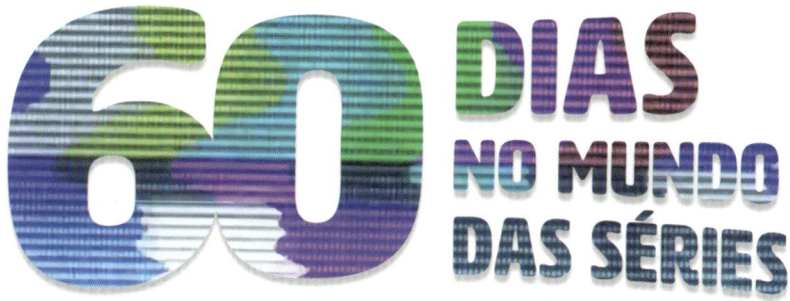

60 DIAS NO MUNDO DAS SÉRIES

Eduardo Medeiros

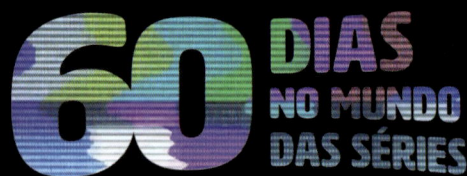

Direção Editorial: Sinval Filho
Direção Administrativa: Wilson Pereira Jr.
Direção de Marketing: Luciana Leite
Capa e Projeto Gráfico: Vinícius Amarante
Diagramação: Vinícius Amarante
Revisão: Janaina Marques Steinhoff

 @editoracemporcentocristao
 @editoracemporcentocristao
 @editoracemporcentocristao

Editora 100% Cristão
Rua Raul Torres, 41 - Osasco/SP - CEP 06028-060
contato@editoraceporcento.com.br
(11) 4379-1226 | 4379-1246 | 98747-0121

www.editoracemporcento.com.br

Copyright 2021 por Editora 100% Cristão

Todos os direitos reservados à Editora 100% Cristão e protegidos pela Lei n. 9.610, de 19/02/1998. É expressamente proibido a reprodução total ou parcial deste livro, por quaisquer meios eletrônicos, mecânicos, fotográ cos, gravação e outros, sem prévia autorização por escrito da editora. A versão da Bíblia utilizada nas citações contidas nessa obra é a Nova Versão Internacional (NVI) salvo ressalvas do autor. Este livro é uma publicação independente, cujas citações a quaisquer marcas ou personagens são utilizados com a finalidade de estudo, crítica, paráfrase e informação.

Este livro é uma publicação independente, cujas citações a quaisquer marcas ou personagens são meramente para efeito de estudo, paráfrase, crítica e informação.

Índice

- **12.** Lost
- **14.** Arquivo X
- **16.** Walking Dead
- **18.** Seinfeld
- **20.** 24 Horas
- **22.** CSI
- **24.** House
- **26.** Família Soprano
- **28.** The Office
- **30.** Prison Breake
- **32.** O Gambito da Rainha
- **34.** Cobra Kai
- **36.** Mandalorian
- **38.** Westworld
- **40.** Chernobyl
- **42.** Todo Mundo Odeia o Chris
- **44.** Once Upon a Time
- **46.** The Umbrella Academy
- **48.** The Big Bang Theory
- **50.** Chaves
- **52.** Stranger Things
- **54.** Breaking Bad
- **56.** How I Met Your Mother
- **58.** House Of Cards
- **60.** La Casa de Papel
- **62.** Dark
- **64.** The Good Place
- **66.** Wandavision
- **68.** The Crown
- **70.** Supernatural
- **72.** Dr. Who
- **74.** Simpsons
- **76.** Black Mirror
- **78.** 13 Reasons Why
- **80.** Grey's Anatomy
- **82.** E.R. Plantão Médico
- **84.** This Is Us
- **86.** Greenleaf
- **88.** Suits
- **90.** Anne with E
- **92.** Homeland
- **94.** Mad Men
- **96.** Anos Incríveis
- **98.** Friends
- **100.** Star Trek
- **102.** Law & order
- **104.** Glee
- **106.** Sherlock
- **108.** The Witcher
- **110.** Game of Thrones
- **112.** Watchmen
- **114.** Two and a Half Men
- **116.** Eu a Patroa e as Crianças
- **118.** Um Maluco no Pedaço
- **120.** Vikings
- **122.** Ozark
- **124.** Twin Peaks
- **126.** Além da Imaginação
- **128.** Perdidos no Espaço
- **130.** Fargo
- **132.** Palavras Finais
- **134.** Arquivos Secretos sobre as Séries
- **142.** Linha do Tempo

Sobre o Autor

Eduardo Luiz de Medeiros é filho de Deus, casado com a mulher mais linda deste mundo, chamada Meiry Ellen, e pai do já não tão pequeno Joshua. Doutor em História pela Universidade Federal do Paraná e Especialista em Teologia Bíblica pela Universidade Mackenzie. Professor Universitário, nas cátedras de História da Igreja Medieval, Cultura Religiosa, Teologia do Antigo Testamento, Missão Integral, entre outras. Escritor de livros acadêmicos para uso em diversos cursos a nível nacional. Pastor da Igreja do Evangelho Quadrangular, auxilia no treinamento de líderes de jovens e adolescentes em sua denominação. Palestrante, desenvolve a temática dos conflitos entre gerações, cultura e cristianismo, pós-modernidade e igreja, entre outros temas para pais, professores e pastores. Fundador do projeto Parábolas Geek, que originou este Devocional. É autor dos livros best seller "Devocional POP", "Bíblia Arte" e das demais obras da série 40 Dias (Vingadores, Star Wars, Liga da Justiça e Games), todos pela Editora 100% Cristão.

Agradecimentos

Agradeço a Deus que tem permitido a continuidade deste projeto! Tudo começou com Ele e continuará enquanto Ele permitir. A Deus toda a honra e toda a Glória! Agradeço à minha parceira de aliança, Meiry, pois, sem o seu apoio, eu não teria ousado sair de minha zona de conforto para viver as aventuras de Deus para nossas vidas. Ao meu filho Joshua, que participou ativamente do processo criativo que originou este livro, ao me chamar para brincar, enquanto pensava nos princípios que usaria para uma série difícil que havia escolhido. Além de todo o staff da Editora 100% Cristão, em especial, nesta obra, preciso agradecer ao meu editor, Sinval Filho, pelos longos debates para estabelecermos critérios para a escolha dos 60 textos que compõem esta obra. Preciso agradecer a todos vocês, seja um leitor recorrente de nossos livros, seja esta sua primeira jornada comigo! Juntos já trilhamos ou trilharemos, se este é o seu primeiro contato com nossos devocionais, jornadas com os Vingadores, Star Wars, Liga da Justiça, Games e aqui estamos novamente para mais uma aventura. Bem-vindos aos 60 Dias no Mundo das Séries!

Agradecimentos especiais

Neste projeto, preciso agradecer de maneira especial a dois amigos que gentilmente me auxiliaram na construção desta obra. Mike Paschoal e Tato Campos, criadores do projeto Bando de Quadrados. Tive o prazer de conhecê-los em Belo Horizonte, em 2016, quando participamos juntos de um evento sobre cultura pop e cristianismo. Vivemos muitas aventuras naquela ocasião, o que gerou uma grande amizade no Reino, pois temos interesses em comum de levarmos a Palavra de Deus a partir dos elementos da cultura. Desde então, temos participado e organizado diversos eventos para espalhar a Mensagem do Evangelho para esta geração. Recentemente, firmamos uma nova parceria, com outros amigos de jornada, para trazer ferramentas para criadores de conteúdo de cultura e cristianismo, a partir de um novo projeto chamado Lumen. Por esta razão, é uma grande alegria ter o dossiê deste livro escrito por eles. Nele, você encontrará uma breve, porém abrangente, história das séries, além de uma extensa linha do tempo com os principais programas produzidos até aqui. Meu profundo agradecimento por acreditarem em nosso projeto e contribuírem com nossos leitores! Você encontra o projeto Bando de Quadrados nos seguintes endereços:

---

www.bandodequadrados.com
▶ BandodeQuadrados
◉ bandodequadrados

Projeto Lumen
◉ lumenprojeto

Introdução

1) Apresentação

Escrever esta introdução é sempre um grande desafio. Ao mesmo tempo em que terei muitos leitores recorrentes, que já me conhecem por meio dos livros anteriores, teremos sempre muitos novos amigos e amigas de jornada que se conectam conosco pela primeira vez na leitura deste exemplar. Como explicar a essência do projeto sem ser cansativo para quem já leu esta introdução realmente não é fácil. Mas nós tentamos sempre!

Em primeiro lugar, é preciso salientar que este é o quinto volume de nossa série de livros inaugurada com a linha "40 Dias", com a novidade de que neste volume aumentamos o número de devocionais para 60, pela dificuldade em escolher apenas 40 séries. De uma lista inicial de 120 opções, conseguimos fechar neste número final. Sendo assim, os livros anteriores desta grande jornada são os seguintes:

- **40 dias com os Vingadores,** cujo tema central foi vida cristã;
- **40 Dias com Star Wars,** no qual falamos a respeito de Jesus;
- **40 Dias com a Liga da Justiça,** com o assunto de missões e propósito;
- **40 Dias no mundo dos Games,** com o tema do discipulado cristão.

Talvez você faça parte de nossa família há mais tempo. Se este for o seu caso, então com certeza reconhece o nosso "primogênito", o Devocional Pop, com a primeira edição lançada em 2017. Ele é um devocional anual com 366 textos abordando o cristianismo pela ótica da cultura pop e um grande êxito até hoje. Mas, pode ser que este seja seu primeiro contato com o nosso material e quero dar as mais sinceras boas-vindas a você! Pode ficar absolutamente tranquilo ou tranquila, pois cada um dos livros é independente em sua leitura. Espero que você goste desta experiência e que eu possa rever cada um de vocês nos demais livros de nossa franquia. Em segundo lugar, diferentemente dos livros anteriores, resolvi trazer um leque mais amplo de temas que muitas vezes não são tratados em nossas igrejas, como racismo, teologia bíblica, missões medievais, entre outros assuntos. Esta escolha tem como objetivo elevar o nível de nosso conhecimento sobre estes assuntos. Você vai ler sobre canonicidade bíblica, missionários, continuísmo, ceticismo, niilismo e muitos outros assuntos nesta nova jornada! Esta escolha foi feita porque todos nós estamos amadurecendo neste projeto: eu, enquanto autor e você, enquanto leitor.

Mas chega de dar spoilers do conteúdo! O nosso desafio em cada volume é apresentar este fio condutor que possa conectar todos os textos atribuindo-lhes um sentido, para que a obra não tenha uma relação direta com os livros que o antecederam ou ainda que não sejam textos devocionais soltos ao longo do livro.

Em terceiro e último lugar, gostaria de dizer que utilizamos uma metodologia para o desenvolvimento de nossos projetos. O livro que você tem mãos contém 60 textos inéditos que relacionam aspectos teológicos e práticos com séries clássicas e contemporâneas. Gostaria de conversar com você a respeito desta metodologia, e, para isso, distribui o assunto em alguns tópicos dentro desta introdução.

2) Estrutura do livro

Neste exemplar da nova trilogia dos 60 Dias, você vai encontrar:

2.1) O dia de sua jornada;
2.2) A série abordada;
2.3) Um texto bíblico que será a base para a reflexão do dia. Recomendamos que você memorize o versículo que abre cada um dos textos desta obra;
2.4) Uma análise do contexto do programa, com resumo do roteiro, criadores, prêmios recebidos, número de temporadas, ano de início e encerramento;
2.5) A partir desta introdução, elaboramos uma aplicação que relaciona o texto bíblico do dia com elementos da série proposta, gerando princípios práticos para nossa jornada com Deus;
2.6) Todos os textos terminam com uma curiosidade sobre a série analisada.

3) Como utilizar este livro

3.1) Leitura individual

A nossa recomendação, para que sua experiência seja a melhor possível, é que você leia um texto por dia, separando em sua agenda o melhor horário para esta tarefa, de acordo com a sua rotina. Separe estes 60 dias para um tempo de consagração a Deus e priorize este tempo. Leia o texto com calma, e procure ler o capítulo todo referente ao texto base do dia, para compreender melhor o seu contexto. Levando este período com seriedade, com certeza você colherá frutos de sua dedicação!

3.2) Grupos pequenos ou células

Você também pode utilizar este material em seu grupo pequeno, célula, grupo familiar, escola bíblica dominical ou ainda discipulado coletivo. Para ativar esta função em seu livro, use o Devocional todas as semanas da seguinte maneira:

- Efetue a leitura completa do texto;
- Incentive cada participante a comprar o seu exemplar para que seu estudo semanal seja mais profundo;
- Peça auxílio do grupo, por meio da leitura de pequenos trechos da lição, em especial os textos bíblicos;
- Após a leitura do material, apresente ao grupo as seguintes questões:

- *Existem testemunhos com relação ao texto da semana passada?*

- *Você consegue identificar-se com os elementos da personalidade do personagem de hoje?*

- *Como você pode colocar em prática o conhecimento adquirido nesta semana?*

- *O que mais chamou a sua atenção do texto de hoje?*

- *Quais são as áreas abordadas hoje que geram mais dificuldade em sua vida espiritual?*

- *Durante a semana, peça para o grupo ler mais vezes o texto com o foco no princípio teológico do texto.*

Este passo a passo é uma pequena adaptação, com o objetivo de auxiliar aqueles que queiram utilizar este Devocional em seu grupo pequeno. Antes de mais nada, sempre converse com o pastor titular de sua igreja sobre este conteúdo. Mostre a ele o livro e a fundamentação teórica, para que você possa auxiliá-lo em seu trabalho na igreja local. Você trabalha para Deus, auxiliando no trabalho que eles executam nesta geração! A nossa oração é que você e seu grupo alcancem novos níveis de maturidade espiritual por meio desta jornada!

4) Compartilhe sua experiência

Quando compartilhamos nossas experiências, temos uma chance muito maior de concluir a nossa jornada. Por isso, sugerimos que você tire uma foto ou grave um vídeo de cada um dos 60 dias e publique em seu Instagram marcando os nossos perfis:

@parabolasgeek | @editoracemporcentocristao | @eduardo_medeiros_oficial

Publique em seus stories ou no seu feed com as tag's exclusivas de nossos projetos: *#60DiasnoMundodasSeries #DevocionalPop #ParabolasGeek* para que possamos divulgá-las a todos os que estão juntos com você neste propósito. A sua perseverança pode incentivar alguém que esteja precisando da mesma experiência!

---

5) Fundamentação teórica simplificada

A ideia central deste Devocional é bastante simples, e com certeza você, caríssimo leitor, perceberá isso durante a sua leitura diária do conteúdo proposto. Nele, você encontrará uma infinidade de assuntos abordados pela teologia. Para escrever a respeito de tantos assuntos, abordamos a teologia inter denominacional, fruto de nosso trabalho universitário. Utilizamos diferentes autores e materiais para construir os 60 textos que compõem este livro e é nossa expectativa que você mergulhe nos princípios dos textos que seguem com a mesma intensidade com a qual nós mergulhamos quando os escrevemos.

O projeto Parábolas Geek, que resultou neste e nos demais livros desta franquia, está pautado em três pilares principais, que foram explicados no workshop que realizamos na *Conferência Confra Jovem*, realizada em 2019 na Igreja Batista da Lagoinha, e que você pode assistir através do seguinte QR Code:

6) Importante ⚠

Para escolhermos as 60 séries que compõem este Devocional, levamos em consideração critérios técnicos como prêmios recebidos e influência na cultura pop, além da longevidade, audiência e, claro, os nossos gostos pessoais.

Neste sentido, existem séries com diferentes classificações etárias abordadas neste Devocional. Por isso, antes de assistir algum programa que você não conhecia e que descobriu nas páginas deste livro, considere se você tem idade adequada para assistir ao seriado.

Outro elemento importante a destacar, antes de iniciarmos nossa jornada, é compreender que as séries são feitas para darem lucro para suas produtoras e a toda uma cadeia econômica que gira em torno deste universo. Por esta razão, elas são feitas para agradar ao público mais amplo possível, obtendo os maiores índices de audiência possíveis. Neste sentido, muitas séries premiadas, embora possuam histórias fantásticas, apresentam violência exacerbada e cenas avulsas e gratuitas de nudez e sexo que não contribuem em nada com o enredo que está sendo contado. Para resolver esta questão é bastante simples: pule as cenas impróprias com o poder de seu controle remoto, se você tem idade e domínio próprio para fazer isso!

Os textos foram construídos de modo que você não precise necessariamente assistir a nenhuma série para compreender o princípio abordado. O QR Code a seguir faz parte de uma live em que abordamos alguns passos que você, cristão e cristã, deve tomar ao escolher um programa para assistir, seja uma série ou um filme.

Nos encontraremos novamente, em 60 dias, para as considerações finais desta obra. Aproveite sua jornada!

Dia 01

Lost

"O Senhor confia os seus segredos aos que o temem, e os leva a conhecer a sua aliança." Salmo 25:14

Pensei muito sobre o texto que abriria este novo livro, o quinto de nossa série de devocionais temáticos e achei que *Lost* faria bem este papel. Talvez alguns de vocês que me acompanham não tenham assistido o seriado quando ele foi lançado, mas não tem problema. *Lost* foi uma série muito premiada ao longo de suas seis temporadas de existência, no período entre 2004 a 2010.

A série começa contando a história dos sobreviventes do voo 815, da *Oceanic Airlines*, que cai em uma ilha aparentemente deserta. Eles precisam aprender a sobreviver e a conviver uns com os outros. Mas nada é o que parece e eles rapidamente descobrem que não estão sozinhos na ilha, pois existem fenômenos estranhos acontecendo e resquícios de uma ocupação anterior. Conforme a história avança, descobrimos outros sobreviventes do voo, que ocupavam a parte traseira da aeronave – um grupo de habitantes da ilha que será chamado de "Outros". Eles são parte de um projeto da década de 70 do século passado, chamado Iniciativa Dharma, anagrama para *Department of Heuristics and Research on Material Applications* ou Departamento de Heurística e Pesquisas em Aplicações Materiais, em bom português.

As peças deste quebra-cabeças demoram para se unir e nem todas as respostas ficam claras e respondidas de maneira didática quando o último episódio termina. Após seis anos, compreendemos que existia uma espécie de luta entre o bem e o mal, que precisava ser mantida na ilha, para que não escapasse de lá e condenasse o restante do mundo. Foram camadas e mais camadas de mistérios que nunca seriam descobertos se parássemos na primeira temporada da série. Este, com certeza, é um excelente mote para nossa primeira conversa!

No cristianismo, precisamos de uma mentalidade semelhante àquela que acompanha uma série em todas as suas temporadas. O começo da caminhada corresponde à primeira temporada, onde os elementos básicos e o mínimo que você precisa saber a respeito de sua fé serão oferecidos pela igreja local em que você congregar e pela sua busca pessoal por mais informações a respeito desta nova vida. Porém, se você parar neste estágio, fatalmente será um cristão fraco e perdido, que não sabe quais os próximos passos da jornada, nem as razões para sua fé. Da mesma forma como os segredos e mistérios da série são revelados aos poucos, no cristianismo também precisamos nos acostumar com o que já aprendemos, para que novos estágios de maturidade nos sejam confiados.

Muitos estão vivendo na primeira temporada de seu relacionamento com Cristo há muitos anos, revendo e assistindo novamente os mesmos episódios, sem se aventurar no que vem depois. No texto base de hoje, descobrimos que existem segredos que não são revelados a todos os cristãos, mas apenas a uma parcela daqueles que são considerados pela Palavra como tementes a Deus.

Ao mesmo tempo em que precisamos avançar em nossa vida cristã, aprendendo sempre mais e, principalmente, servindo e amando ao nosso próximo como a nós mesmos, é importante rever todos os dias os passos que já foram trilhados. Os pilares da fé cristã não devem ser esquecidos mas, sim, relembrados e, principalmente, praticados todos os dias. Não é porque oramos no início de nossa conversão que podemos deixar de orar depois. O mesmo se aplica à prática do jejum, leitura, meditação da Palavra, e você pode completar esta lista...

Penso nesta rotina constante como algo semelhante a assistir uma série ou filme várias vezes. Embora você já saiba a história central, quanto mais assiste, descobre novos detalhes que haviam passado despercebidos anteriormente. Em nossa vida cristã, quanto mais avançamos nas bases da fé, mais descobrimos segredos e mistérios do coração de Deus para a nossa geração! Existem *easter eggs* aguardando para serem descobertos por aqueles que perseveram e persistem. Será que você é um destes que o Senhor tem buscado? Ao longo dos próximos 60 dias, mergulharemos juntos em uma jornada para conhecermos mais a Deus!

Curiosidade
Os nomes de vários personagens da série são inspirados em pensadores importantes como John Locke, Edmund Burke, Richard Price, Jean-Jacques Rousseau, Mikhail Bakunin, entre outros.

Dia 02

Arquivo X

"Os outros discípulos lhe disseram: 'Vimos o Senhor!' Mas ele lhes disse: 'Se eu não vir as marcas dos pregos nas suas mãos, não colocar o meu dedo onde estavam os pregos e não puser a mão no seu lado, não crerei.'" João 20:25
"Respondeu o centurião: 'Senhor, não mereço receber-te debaixo do meu teto. Mas dize apenas uma palavra, e o meu servo será curado.'" Mateus 8:8

Arquivo X é uma série de ficção científica que foi ao ar entre 1993 e 2002, com dois filmes lançados em 1998 e 2008. Além disso, mais duas temporadas foram ao ar em 2016 e 2018, concluindo a trajetória dos personagens principais em onze temporadas.

A trama consiste em dois agentes especiais do FBI que devem investigar casos inexplicados ou arquivados sem solução, em um departamento da agência federal. Estes arquivos são conhecidos como "Arquivos X". Fox Mulder tem certeza da existência de vida extraterreste e que estas evidências estão sendo ocultadas pelo governo americano em uma grande teia conspiratória. A agência a todo tempo tenta esvaziar essa crença, mas ele decide investigar esses casos para comprovar sua tese. Além de um grande objetivo, ele possui também um elo particular com toda esta trama: sua irmã desapareceu e ele suspeita de que ela tenha sido abduzida.

Para ajudá-lo, o FBI envia a agente Dana Scully, uma médica cética que não acredita em nada que não seja logicamente explicável. Uma dupla improvável e que, aos poucos, conforme são envolvidos em uma trama muito maior do que haviam imaginado no início, passam a nutrir uma grande amizade e, até mesmo, um relacionamento amoroso.

Algo muito interessante sobre os protagonistas tem relação direta com o criador da série, Chris Carter. Ele disse o seguinte sobre o processo de criação de Mulder e Scully: *"Eles surgiram diretamente do fundo de minha imaginação. Uma dicotomia. Eles representam partes equivalentes ao meu desejo de acreditar em algo e a minha incapacidade de acreditar em tal coisa. Meu ceticismo e minha fé."* Este dualismo, aparentemente paradoxal entre Mulder e Scully, é um excelente ponto de partida para a nossa conversa.

Os dois textos base para o devocional de hoje mostram muito bem estes dois comportamentos. Em João 20:25, vemos um dos doze discípulos de Jesus questionando Sua ressurreição. Em Mateus 8:8, encontramos um centurião romano que não conhecia Jesus como Tomé, mas que tinha plena fé em Seu poder para curar seu servo.

Tomé conhecia Jesus, caminhou com Ele, ouviu seus sermões, participou do discipulado com os demais discípulos, e foi testemunha ocular dos milagres e de seu ensino. A grande questão sobre a sua dúvida é que ele não estava no primeiro encontro com Jesus ressurreto. Como não estava presente, precisava acreditar no que os outros haviam dito. Precisamos tomar cuidado para não transformarmos nossa vida cristã em algo rotineiro e comum, vindo a nos "acostumar" com a presença de Jesus. Este é o limiar entre relacionamento e religiosidade. Quanto mais próximos a Cristo, menos provas precisaremos para justificar a nossa fé.

O centurião, por outro lado, teve uma fé que deixou o Mestre admirado. Jesus declarou, em Mateus 8:10, que não havia encontrado fé semelhante em Israel. Ele não precisou de provas ou de declarações de terceiros, mas depositou toda a sua confiança em apenas uma palavra de cura. Precisamos aprender a viver como o centurião romano, mesmo quando não tivermos uma grande necessidade ou problema. Caminhar pela fé e não pela visão humana é algo fundamental para uma vida vitoriosa em Cristo.

Desenvolva este relacionamento todos os dias. Não espere pelos momentos difíceis para se aproximar dEle. Viver o cristianismo como novidade de vida é uma escolha diária que precisamos buscar em todo o tempo. À medida que fazemos isso, nosso ceticismo cederá, de maneira contínua, a uma fé sobrenatural que é capaz de mover montanhas, curar os enfermos, restaurar vidas, transformar corações e mudar realidades!

Eu e você devemos ser os primeiros a experimentar essas mudanças provenientes deste relacionamento. O seu testemunho é fundamental para que a fé se espalhe em nossa geração!

Curiosidade
Na vida real, o grande confronto entre fé e ceticismo acontece de maneira oposta à da série: Gillian Anderson (Scully) tem uma relação com a fé muito maior do que David Duchovny (Mulder)!

Dia 03

The Walking Dead

"Ao ver as multidões, teve compaixão delas, porque estavam aflitas e desamparadas, como ovelhas sem pastor." Mateus 9:36

The Walking Dead é a primeira série de um universo compartilhado em que o Apocalipse Zumbi aconteceu e a humanidade remanescente precisa se reorganizar e reconstruir a sociedade, que foi levada às ruínas pelo colapso da praga que originou as criaturas. Baseada na HQ criada e produzida por Robert Kirkman, a série estreou em 2010 com o fechamento na sua décima primeira temporada, pela produtora AMC.

A história começa com o vice xerife, Rick Grimes, acordando em um hospital, após semanas em coma. O hospital está destruído e ele encontra os zumbis que estão infestando a cidade. É muito interessante que a causa do apocalipse não seja tratada no primeiro episódio, apenas as suas consequências. Rapidamente descobrimos que o principal problema deste mundo em colapso não são os zumbis, mas, sim os humanos remanescentes. Novas sociedades se levantam com regras muito mais simples e violentas que as constituições e sistemas legais que existiam anteriormente, incluindo a disputa territorial pelos escassos recursos disponíveis. Uma máxima em *Walking Dead* é que ninguém consegue se esconder para sempre. Todas as tentativas de viver com relativa tranquilidade, distante da realidade decaída, acabam fracassando, pois o contexto hostil sempre será imposto aos sobreviventes.

Desde 1968, a cultura pop produziu diversas versões para o evento "Apocalipse Zumbi". Depois do lançamento do filme de terror de George Romero, chamado "A Noite dos Mortos Vivos", a visão contemporânea que temos destas criaturas ganhou forma. Humanos que morreram, mas que, de alguma forma, voltam a uma espécie de "morte em vida" pelas mais diversas causas, como vírus, fungos ou, até mesmo, a presença alienígena no planeta Terra.

O zumbi clássico é lento, sem raciocínio lógico ou capacidade de funções complexas. Tudo é muito simples: perambular sem rumo e se alimentar, de preferência, de carne humana fresca. Considerando uma disputa entre uma pessoa e uma criatura dessas, a vantagem é toda nossa. O problema para os sobreviventes sempre está na multidão de criaturas, o que as tornam adversários formidáveis.

Para a nossa análise de hoje, gostaria de aproveitar a fama dos zumbis que estão muito presentes na cultura pop. O texto base mostra Jesus observando as multidões e tendo compaixão delas por estarem desamparadas, sem esperança. Acredito que um elemento muito importante de nossa humanidade é termos um senso de propósito, pois, sem uma razão para viver, nos aproximamos dos zumbis dos filmes e jogos ou da multidão que Jesus encontrou em Mateus 9:36. O propósito nos dá um senso de direção e sabemos para onde ir e o que fazer para alcançá-lo. E é neste ponto que precisamos diferenciar propósito de projeto. Existem muitos projetos válidos e que são dignos de serem perseguidos. Cursar uma faculdade, casar, ter filhos, comprar um carro, realizar uma viagem, fazer um intercâmbio etc. Enfim, tudo isso é maravilhoso e deve ser buscado, de acordo o projeto de vida de cada um. No cristianismo, o propósito do homem está muito bem delimitado pelas Escrituras Sagradas: amar a Deus de todo o coração, de todo o entendimento e de todas as forças, e amar ao próximo como a si mesmo.

Esta revelação transforma as nossas vidas! Não nascemos para sermos empresários de sucesso, pais de família, pastores ou líderes. A razão primordial de nossa existência é amar e sermos amados por Deus. Por esta razão, não perca o foco e mantenha seu relacionamento com Deus como a sua maior prioridade. Tendo isso em mente, nunca caminharemos errantes sem uma direção ou rumo definido. Não permita que projetos ocupem o lugar do propósito de sua vida!

Curiosidade

A série não utiliza "zumbi" para descrever as criaturas, mas sim a palavra "walker", que significa "caminhantes", em tradução livre. No set de filmagem não existe interação entre os atores "humanos" e os atores "caminhantes". Para manter o clima hostil entre os grupos, não pode haver nenhuma amizade entre ambos. Uma curiosidade adicional é que os atores "zumbis" precisam fazer um curso de imersão neste universo para aprender como devem se mover e agir antes de filmarem.

Dia 04

Seinfeld

"Por isso dediquei-me a aprender, a investigar, a buscar a sabedoria e a razão de ser das coisas, para compreender a insensatez da impiedade e a loucura da insensatez." Eclesiastes 7:25

    Seinfeld mostrou, durante nove temporadas, entre 1989 e 1998, como um grupo de quatro amigos encarava os desafios da vida cotidiana. Criada por Larry David e Jerry Seinfeld, esta série no estilo *sitcom* traz um grande diferencial em relação a outras do mesmo gênero que foram lançadas à época. Tanto os personagens principais como os secundários foram baseados na personalidade real de Larry e Jerry. A história conta a relação do próprio Jerry e de seus amigos: George Costanza, Elaine Benes e Cosmo Kramer.

    A grande diferença entre *Seinfeld* e outras séries semelhantes está na maneira como o absurdo do cotidiano é mostrado através de situações corriqueiras. Um episódio inteiro que se passa em um restaurante enquanto os personagens aguardam por uma mesa, o desespero de Jerry em tentar descobrir a razão pela qual sua namorada não aceita um simples pedaço de torta ou, ainda, os personagens procurando o carro, sem saber onde o deixaram num estacionamento...

    A forma como cada situação é abordada expõe o brilhantismo dos roteiros, que são impecáveis. Não por acaso, *Seinfeld* é considerada pela crítica especializada como uma das melhores séries de todos os tempos, estando no topo da lista da TV Guide em 2002 e no terceiro lugar na lista da *Entertainment Weekly*, onde aparece depois de *The Soprano's* e *The Simpsons*.

    Outro diferencial dessa para outras séries é que, em *Seinfeld*, ninguém aprende lições de moral ao final dos episódios. Os roteiros seguem a cartilha do "*niilismo*", que vai no sentido oposto do que tratamos em *The Walking Dead*. Para esta corrente filosófica, não existe nenhum sentido na existência, então a ideia de um propósito seria totalmente descabida. Valores, crenças e verdades são totalmente subjetivas para o niilismo, não existindo algo universal, fora do indivíduo. A série explora isso muito bem, ao não atribuir um sentido maior aos episódios, focando no humor possível nas situações do dia a dia.

    Quando penso em *Seinfeld*, lembro-me imediatamente do autor de Eclesiastes. Sabemos que ele se autodenomina como "o Pregador" e muitos estudiosos atribuem sua escrita ao sábio rei Salomão. Para os teólogos que defendem a autoria salomônica, a escrita do livro aconteceu durante seu reinado, por volta do século X a.C. Para os que sugerem outro autor, a data de escrita é muito mais recente. Compreendo Eclesiastes como um grande experimento social, em que um homem sábio e rico, tendo acesso a todo tipo de recurso e experiência que desejasse, procurou encontrar o sentido da vida ao longo de sua existência. Como leitores, acompanhamos vários "Nada faz sentido debaixo do sol" ou "Fazer isso é como correr atrás do vento". A impressão que temos, em uma leitura superficial da obra, é que ele fracassou no objetivo de obter respostas para seus questionamentos.

Basicamente o livro começa com: "*Que grande inutilidade. Nada faz sentido!*" em Eclesiastes 1:2 e termina com: "*Tudo sem sentido! Sem sentido!*", diz o Mestre. "*Nada faz sentido! Nada faz sentido!*", em Eclesiastes 12:8. Isso quer dizer que Salomão concorda com o niilismo de *Seinfeld*? Vamos com calma! Quando lemos todos os doze capítulos do livro, percebemos que, enquanto o Pregador observou os fenômenos pelo ponto de vista humano, não encontrou sentido na vida a partir desta perspectiva. Quando ele compreendeu que o que ele procurava externamente estava nas mãos do Criador do Universo, o seu discurso mudou. O penúltimo versículo do livro diz: "*Agora que já se ouviu tudo, aqui está a conclusão: Tema a Deus e guarde os seus mandamentos, pois isso é o essencial para o homem.*" Eclesiastes 12:13

É incrível como uma simples mudança de perspectiva faz toda a diferença! A pergunta que não quer calar, depois deste devocional, é a seguinte: em quem você tem colocado a sua esperança e expectativa? Talvez o desfecho de *Seinfeld* fosse diferente se Jerry e seus amigos tivessem acesso a esta revelação!

Curiosidade
Em 2000, Larry David lançou uma série na HBO chamada Curb your Enthusiasm ("Segurando a Onda", no Brasil), em que interpretou uma versão ficcional de si mesmo, após o final da série que tratamos no Devocional de hoje. Na sétima temporada, houve uma reunião com os atores de Seinfeld.

Dia 05

24 Horas

"Por isso não desanimamos. Embora exteriormente estejamos a desgastar-nos, interiormente estamos sendo renovados dia após dia." 2 Coríntios 4:16

Uma de minhas séries preferidas, 24 horas apresentava um dia na vida do agente da Unidade de Contraterrorismo, Jack Bauer, estrelado por Kiefer Sutherland. A série estreou em 2001 e teve, ao todo, nove temporadas, um filme para televisão e uma minissérie mais recente, em 2014. Dois elementos, em particular, me chamavam a atenção nesta série. Em primeiro lugar, cada um dos 24 episódios de cada temporada acontecia em "tempo real", cobrindo uma hora no dia do protagonista, e eu achava isso simplesmente sensacional! Em segundo lugar, o dia de Jack Bauer não era para amadores. Ficava imaginando, ao assistir a série, como seriam os outros 364 dias de sua vida.

A luta frenética contra o relógio e contra seus inimigos, que muitas vezes eram seus antigos companheiros de unidade, associados a traficantes e terroristas em intrincadas teias de corrupção e poder no governo americano, sempre levavam o protagonista a tomar decisões difíceis. Bauer infringiu a lei várias vezes em prol de um bem maior, como proteger o presidente americano, salvar reféns, evitar a explosão de bombas que poderiam matar milhares de pessoas, entre outras peripécias. Enfim, os fins justificavam os meios para Bauer. Este foi o assunto de nosso primeiro encontro com a série, no livro Devocional Pop – se você está iniciando sua primeira jornada comigo neste livro, recomendo que conheça aquele que deu início a este projeto literário de devocionais.

Para a análise de hoje, gostaria de aprofundar a luta de Bauer contra o relógio na série, pois ela se assemelha em muito com o nosso dia a dia no século XXI. Guardadas as devidas proporções, pois espero que você não passe seus dias caçando terroristas ou desarmando bombas com alto poder de destruição, todos vivemos rotinas frenéticas em nosso cotidiano. Trabalhamos, estudamos, vamos à igreja, cuidamos da família, ajudamos os amigos, praticamos atividades físicas, aprendemos uma nova língua, resolvemos imprevistos...são tantas as atividades que chegar ao final de cada dia é uma grande vitória.

A grande questão que precisamos refletir no dia de hoje é se tudo o que faze-

togestão e Desenvolvimento Pessoal. Faço algumas pesquisas com as turmas para saber qual é o seu perfil e, na aula sobre gestão do tempo, perguntei aos alunos se eles aceitavam novos compromissos, mesmo estando com suas agendas lotadas. Fiquei impressionado com o resultado: 84% dos que responderam esta pesquisa disseram que continuam aceitando compromissos, mesmo sem tempo hábil para atender novas demandas.

Este exemplo ilustra muito bem nossa relação conturbada com o tempo. Nossa geração, mais do que qualquer outra anterior, não consegue lidar muito bem com o relógio. A revolução digital acelerou nossas vidas de maneira assustadora, pois tudo acontece em tempo real. As fronteiras entre vida profissional e pessoal estão cada vez mais difusas e difíceis de se separar. Com o celular ou o smartphone temos a tendência de não nos desconectarmos em nenhum momento do dia e isso nos leva a perder eficiência e produtividade. Muitos de vocês que estão lendo este texto podem se sentir frustrados por produzirem muito menos do que gostariam. Além disso, multiplicaram-se as poderosas distrações que nos fazem perder o nosso precioso tempo.

Acredito que a grande lição que a série de hoje pode nos dar é a de que, independentemente se hoje estudamos, trabalhamos como funcionário ou um agente antiterrorista, todos nós temos a mesma quantidade de tempo disponível em cada dia: 24 horas. Portanto, use o seu com sabedoria!

Curiosidade

24 horas foi a única série da FOX a ganhar o Emmy de Melhor Série de Drama e o primeiro papel regular do ator Kiefer Sutherland em programas de TV. Um detalhe interessante é que, para manter a aparência de que a série toda se passa em um único dia, os atores cortavam os cabelos a cada cinco dias.

Dia 06

CSI: Investigação Criminal

"Jesus olhou para eles e respondeu: 'Para o homem é impossível, mas para Deus todas as coisas são possíveis.'" Mateus 19:26

CSI trouxe para o grande público a rotina do Departamento de Criminalística de Las Vegas, no estado americano de Nevada. Ao longo de quinze temporadas, entre 2000 e 2015, acompanhamos o grupo de peritos criminais resolvendo casos que desafiavam a lógica, encontrando evidências em lugares jamais antes observados por ninguém.

O sucesso deste formato foi tão grande que três *spin-offs* da série foram criados: *CSI: Miami*, *CSI: NY* e *CSI: Cyber*. Foram tantos casos resolvidos ao longo dos anos que conheço pessoas que se dizem "formadas" em perícia criminal por assistirem a série e seus derivados. Embora tenha assistido aos *spin-offs*, *CSI: Las Vegas* era o nosso preferido. A cada episódio iniciado com a cena do crime, eu sempre ficava pensando no assassino como a pessoa mais improvável e geralmente funcionava. Gostaria de trazer alguns princípios que podemos aprender com a série para a nossa reflexão de hoje.

Em primeiro lugar, eles não se deixavam levar pela aparência das situações. Todos os indícios poderiam incriminar a pessoa que estava na cena do crime e que tinha razões para querer o mal da vítima, mas isso não norteava as ações dos peritos. Eles não eram movidos por indícios, mas por evidências científicas.

Em segundo lugar, o que os movia era um senso de propósito e de descoberta da verdade. Não importava a dificuldade e a aparente impossibilidade de resolução do caso, enquanto a verdade não viesse à tona, a equipe não parava de investigar.

De maneira semelhante, estes dois princípios podem ser muito úteis em nossa caminhada. Antes de comentar a respeito do princípio espiritual, gostaria de aproveitar o momento para abordar algo muito prático e atual nesta geração. Em *CSI*, diversos indícios levavam a diferentes suspeitos, que só eram excluídos quando as evidências dos peritos surgiam. Vivemos em um período que costumo chamar de "guerra de narrativas". Somos bombardeados com notícias falsas e todo tipo de bizarrice sem fundamento científico algum, ficando bastante difícil discernir o que é verdade e o que é mentira. A única arma que temos no meio dessa guerra é a informação. Eu e você precisamos investigar os indícios em busca das evidências científicas da informação que recebemos, antes de compartilhar com nossos contatos. Não seja alguém que espalha notícias falsas, porque você possui um raio de influência em sua realidade de vida e essas pessoas confiam em você. A grande maioria de seus contatos não vai pesquisar e checar se as informações são verdadeiras ou não. Para elas, a pessoa que compartilhou a notícia é a chancela suficiente para depositar sua confiança e isso faz com que ela compartilhe também. Precisamos criar a cultura de investigar as notícias. Desconfie sempre, até que você consiga as evidências necessárias para ter certeza do que está falando.

O segundo elemento é a perseverança e a persistência diante de situações aparentemente impossíveis. O texto base de hoje mostra que aquilo que parece impossível para o ser humano é completamente possível para Deus! Não temos o direito de desistir de nossas orações quando estivermos passando por situações difíceis e nos deixar levar pelos indícios das notícias ruins. Nesses momentos, precisamos nos apegar à nossa fé e a todas as promessas contidas na Palavra de Deus, para que tenhamos uma esperança madura, provada e aprovada por Deus. Nos momentos difíceis, precisamos aprender a calar nossa voz interior que nos leva a duvidar do milagre.

Precisamos aprender a viver momentos de solitude na presença de Deus, que são muito diferentes dos momentos de solidão. Muitas vezes, será em meio ao silêncio de um coração angustiado que você terá suas maiores experiências com Cristo! Nossa oração dura até que o nosso caso seja encerrado pelo Justo Juiz de nossas vidas, seja por meio de uma cura milagrosa ou não! Nosso Deus soberano continua sendo Deus, em qualquer uma das situações!

Curiosidade
Las Vegas foi escolhida para sediar a série porque a cidade possui um grande centro de investigação criminal nos Estados Unidos, perdendo apenas para o laboratório do FBI, localizado no Estado da Virgínia.

Dia 07

Dr. House

"Tudo o que fizerem, façam de todo o coração, como para o Senhor e não para os homens, sabendo que receberão do Senhor a recompensa da herança. É a Cristo, o Senhor, que vocês estão servindo." Colossenses 3:23,24

Gregory House é um controverso, porém conceituado médico, que trabalha no hospital universitário *Princeton-Plainsboro*, no Estado de Nova Jersey, nos Estados Unidos. Como infectologista e nefrologista, ele possui uma habilidade formidável em realizar diagnósticos difíceis, usando métodos pouco ortodoxos, por assim dizer.

Existem vários elementos interessantes para abordar nesta série, que já retratamos no Devocional Pop anteriormente. A equipe de *House* recebe os casos quando médicos em outros hospitais fracassaram na identificação da enfermidade dos pacientes. De maneira geral, a equipe se reúne para discutir os sintomas e as doenças que os causam. Eles verificam todas as informações disponíveis para encontrar o melhor tratamento para o quadro clínico do paciente. Nem sempre os doentes contam a verdade para os especialistas, por razões diversas, dificultando ainda mais um diagnóstico correto.

House possui um caráter muito peculiar para um médico que lida com pessoas em momentos bastante delicados de suas vidas. Entre estas características, podemos destacar seu mau humor crônico, um comportamento antissocial bastante acentuado, o ceticismo em relação aos relatos dos pacientes, além de ser extremamente sarcástico e narcisista. Por esta razão, o método analítico que o médico utiliza com sua equipe se aproxima muito do método socrático, em que o mestre ou professor se utiliza de perguntas simples para fazer com que seu aluno chegue às suas próprias conclusões e consiga alcançar esta capacidade de análise.

A série estreou em 2004 e foi encerrada em 2012, em sua oitava temporada, sempre estrelada pelo ator inglês Hugh Laurie, que venceu o Globo de Ouro pela série em 2006 e 2007. Outros prêmios elevaram este programa a um reconhecimento internacional e a um sucesso de público e crítica.

Entre os diversos elementos que poderíamos abordar no devocional de hoje, gostaria de destacar um para nossa conversa diária (você está fazendo seu devocional diariamente, certo?). *House* é profissionalmente formidável e muito competente, mas, socialmente, no trato com as pessoas, é um desastre. Os roteiros e a atuação brilhante de Hugh Laurie nos levam a ter empatia com o personagem, o que deixa a série ainda melhor para quem assiste. Porém, não podemos nos iludir pois, na vida real, é necessário equilíbrio em nosso relacionamento interpessoal e carreira profissional.

Profissionalmente, devemos ser os melhores que pudermos. Nosso testemunho no ambiente de trabalho deve estar em nossa competência, pontualidade e retidão moral em nossas atividades, muito mais do que naquilo que falamos ou discursamos. Como cristãos, independentemente de nossa vontade, seremos vistos e analisados pelos diversos grupos com os quais interagimos. Esta análise acontece naturalmente, pois nosso discurso, muitas vezes contrário ao que é considerado comum pela sociedade, gera curiosidade nas pessoas ao nosso redor. Perguntas como: "é possível ser honesto e, ainda assim, prosperar no país do jeitinho brasileiro?"; "como guardar a virgindade para depois do casamento, em uma sociedade que enaltece o relacionamento casual?"; "como falar sobre santidade em dias de uma secularização exacerbada?"; entre várias outras. Enfim, as questões são muitas, mas essas nos ajudam a ilustrar o que pensam a nosso respeito. A grande questão é que a nossa resposta será muito melhor "lida" se vier no formato de atitudes, ao invés de palavras! Devemos pregar em todo o tempo e, se necessário, usar palavras.

O nosso discurso deve estar estampado em nossa vida, ao mesmo tempo em que buscamos ser agradáveis com aqueles que estão ao nosso redor. Afinal, não podemos esquecer de que nossa principal missão é pregar o Evangelho para outras pessoas que precisam nos ouvir! Para isso, não podemos adotar uma postura ou estilo "*Dr. House*" de tratamento interpessoal. Portanto, não se esqueça: seja competente como ele, mas trate seu próximo com empatia. A próxima geração de cristãos agradecerá pela sua postura!

Curiosidade
Uma das inspirações da série é a coluna do jornal The New York Times, chamada "O Diagnóstico". Nela, eram abordados casos médicos raros de difícil identificação a partir dos sintomas.

Dia 08

Família Soprano

"Pois, se alguém não sabe governar sua própria família, como poderá cuidar da igreja de Deus?" 1 Timóteo 3:5

Família Soprano foi uma aclamada série produzida pela HBO, contendo seis temporadas que foram ao ar entre 1999 e 2007. Entre os vários prêmios da produção, estão vinte e um *Emmy Awards* e cinco *Globos de Ouro*, entre muitos outros. Recebeu nomeações como "a melhor série do século XXI", pelo jornal *The Guardian*; "a série mais bem escrita de todos os tempos", pelo *Writers Guild of America*; e "melhor série de todos os tempos", pela revista *Rolling Stone*. Talvez você possa perguntar: "Mas o que essa série antiga tem de tão especial?". A resposta é simples, pois *Família Soprano* inaugura um novo modelo de roteiro, que seria replicado centenas de vezes desde então. O que vemos em *Breaking Bad*, *Narcos*, *Mr. Robot*, *Game of Thrones* (e a lista continuaria indefinidamente) teve sua origem com a jornada do mafioso Tony Soprano.

Um homem com negócios escusos de todos os tipos, com um código moral que valia apenas quando o favorecia, sofre com uma grave crise de pânico e precisa procurar ajuda profissional. Este homem é Tony Soprano e a profissional que o ajuda é a Dra Jennifer Melfi. Este primeiro elemento já seria bastante diferente do que era comum em termos de séries, pois os criminosos eram representados como homens maus e os policiais ou heróis, como bons. Porém, existe um segundo elemento que faz de *Família Soprano* uma série necessária para aqueles que gostam do gênero. Em seu "trabalho", Tony era um mafioso temido e respeitado, mas, em sua casa, ele era um homem comum, tentando lidar com os problemas de sua família e com as consequências da vida que escolheu levar. A escolha pelo crime organizado veio, em grande parte, das pressões dos pais do protagonista, para que continuasse com os "negócios da família". Neste ponto, os roteiros foram elevados a outro patamar, pois personagens densos, com passados conturbados e escolhas erradas possuíam justificativas plausíveis que nos levavam a questionar a maldade do criminoso, formando um padrão na virada do milênio passado. Fatalmente falaremos de outras séries claramente inspiradas nesta história, o que vai nos render excelentes reflexões.

No devocional de hoje, gostaria de usar o elemento que mais me chamou a atenção na série: as intrincadas relações de Tony Soprano com sua família. É muito interessante perceber que, independentemente de quem somos para o mundo externo, todos precisamos lidar com os mesmos dilemas dentro de nossas casas.

Pensando mais a fundo, apenas aqueles que moram conosco, sob o mesmo teto, conhecem, de fato, quem somos. Por esta razão, uma das maiores prioridades em nossas vidas deve, com absoluta certeza, ser a nossa própria família.

Não somos mafiosos ou criminosos (graças a Deus!) mas, assim como Tony Soprano, se não nos cuidarmos, cairemos na tentação de sermos uma pessoa diante da sociedade e outra muito diferente diante de nossa família. No caso dos cristãos, esta tentação é ainda mais perigosa. Para muitos, existe uma necessidade de manter uma aparência daquilo que costumo chamar de "síndrome das famílias de comercial de margarina". Essas famílias "precisam" mostrar ao mundo que são perfeitas mas, internamente, a realidade é outra. Esta encenação funciona muito bem para aqueles que estão do lado de fora de nossas vidas, assistindo ao nosso espetáculo de família perfeita. O grande problema está com quem acompanha você atrás das cortinas da vida. Nossos pais e filhos estão observando nossa relação entre discurso e prática. Você é um amor com todas as pessoas ao seu redor, mas grosseiro com seus pais? Você é um exemplo de cristianismo em sua igreja, mas, em casa, age de maneira contrária ao que prega?

Se nos preocuparmos mais em impressionar nossos seguidores ou as pessoas ao nosso redor do que zelar por nossa própria família com nosso comportamento, colheremos os resultados amargos de nossa hipocrisia.

Abandone as máscaras, seja a mesma pessoa em todos os lugares, cuide de sua família e seja feliz!

Curiosidade
A Coalizão de Associações Ítalo-Americanas instaurou, no ano 2000, um processo contra a série, por perpetuar uma imagem negativa dos ítalo-americanos.

Dia 09

The Office

"Quem ama a sinceridade de coração e se expressa com elegância será amigo do rei." Provérbios 22:11

The Office é uma série de comédia exibida originalmente pela NBC americana. A versão estadunidense é uma adaptação da série britânica de mesmo nome, produzida pela rede britânica BBC. Estreou em 2005, com um total de nove temporadas, finalizando em 2013.

Entre os prêmios recebidos estão o *Globo de Ouro* de Melhor Série de Comédia, em 2004, e o de Melhor Ator para Steve Carell, em 2006, mesmo ano em que recebeu o *Emmy* de Melhor Série de Comédia.

A trama se passa na filial de uma empresa fictícia, uma fábrica de papel, chamada *Dunder Mifflin Paper Company*. O objetivo é mostrar o cotidiano da interação entre os funcionários e o chefe. Mais uma vez, o que ela tem de especial em um universo com tantas séries hilárias como *Two and a Half Men*, *The Big Bang Theory*, entre tantas outras? A resposta está no uso de um recurso audiovisual que fez toda a diferença: o *mockumentary*. Este gênero é conhecido no Brasil como "pseudodocumentário" ou, ainda, "mocumentário". Ele surgiu da junção de duas palavras que nos ajudam a compreender esta realidade: *mock* (falso) e *documentary* (documentário). Neste sentido, *The Office* inovou o gênero de comédia, que conta com os tradicionais cortes de câmera e uma plateia que acompanha os episódios com as famosas risadas após as piadas e situações cômicas.

Como simula um documentário, a série tem apenas uma câmera que acompanha os personagens ao longo de sua jornada de trabalho. Em muitas cenas, os atores olham diretamente para a câmera e interagem com ela. Um dos grandes pilares deste programa, com certeza, são as entrevistas feitas em particular com cada um dos personagens. Nestes momentos, os funcionários podem ser sinceros e se sentem livres para falar mal de colegas de trabalho e reclamar do gerente Michael Scott. Aliás, a prova de que sinceridade não é um elemento relevante na série é que Michael acredita que é o melhor amigo de seus subordinados, embora a realidade seja muito diferente disso.

Gostaria de aproveitar esse recurso sensacional da simulação de entrevistas para a nossa conversa de hoje. Assistir personagens que, há alguns minutos estavam sorrindo para o chefe, mas, no privado, falam o que realmente pensam sobre ele, me faz refletir a respeito da maneira como temos lidado com as pessoas em nossas redes sociais. A proteção que a tela nos concede, seja ela do computador ou do smartphone, é muito semelhante à segurança que os funcionários da *Dunder Mifflin Paper Company* acreditavam que tinham para falar diante da câmera. Nos dois casos, essa sensação de proteção para falar o que quiser é falsa, pois o que dissermos ou digitarmos aparecerá para que os outros vejam.

Pessoas de destaque na sociedade estão aprendendo uma verdade das redes sociais: não adianta apagar o *post* ou a foto, pois o *print* é eterno. Precisamos desmistificar uma ideia que tem se propagado em virtude da maior exposição a que estamos submetidos, por ocasião da revolução digital. Muitos acreditam que sinceridade é sinônimo de ser desagradável, bruto, mal-educado, usando como desculpa ou como um escudo a sua pretensa "sinceridade".

Por que você precisa comentar todos os *posts* que aparecem em sua linha do tempo? Se você não foi marcado ou marcada no *post* de algum amigo virtual, sua opinião é dispensável. Então, se não for para encorajar e oferecer palavras de ânimo que contribuam com a pessoa, considere não comentar. Vivemos dias em que achamos que devemos comentar e argumentar sobre todos os assuntos, pois isso nos tornaria mais inteligentes ou intelectuais. O grande problema é que não somos especialistas em todos os assuntos e acabamos falando sobre aquilo que não compreendemos. Desta forma, quanto mais falarmos, maior a chance de falar (ou escrever!) besteiras. A simples intenção de darmos opinião e de sermos sinceros pode acabar gerando uma indisposição com pessoas que não pediram a nossa opinião sobre os assuntos que postam.

Para ajudar nesta questão, comente apenas aquilo que você não teria problemas em dizer na frente desta pessoa. É este tipo de sinceridade que precisamos em nossa sociedade!

Curiosidade
Muitas cenas icônicas da série foram improvisadas pelos atores, especialmente por Steve Carrell. Esta capacidade de improviso foi um dos critérios do teste para a escolha dos atores da série.

Dia 10

Prison Break

"Se um irmão ou irmã estiver necessitando de roupas e do alimento de cada dia e um de vocês lhes disser: 'Vá em paz, aqueça-se e alimente-se até satisfazer-se' sem, porém, lhe dar nada, de que adianta isso? Assim também a fé, por si só, se não for acompanhada de obras, está morta."
Tiago 2:15-17

Lincoln Burrows foi preso e sentenciado à morte pela suposta morte do irmão da vice-presidente dos Estados Unidos. Já o seu irmão, Michael Scofield, acredita em sua inocência e prepara um plano para resgatá-lo da Prisão Estadual de Fox River. Esta é a trama inicial de *Prison Break*, que estreou em 2005, pelo canal Fox. A quinta temporada foi ao ar em 2017 com rumores de que uma sexta e última temporada seria produzida. E quando digo trama inicial é realmente literal, pois a série possui diversos *plot twists*, que levam os espectadores a descobrirem aos poucos que a prisão de Lincoln é uma pequena parte de uma grande trama de conspirações e intrigas, envolvendo grandes corporações e o governo americano.

A estratégia escolhida por Michael foi tatuar uma planta da prisão para conseguir escapar. O mapa da prisão estava oculto por outras tatuagens, a fim de que apenas ele conseguisse distinguir as informações ali contidas. Ele, então, simula o assalto a um banco para ser preso e levado para a mesma penitenciária de seu irmão. Muitas reviravoltas acontecem na trama, até que eles conseguem escapar da prisão, a fim de, agora, serem fugitivos federais perseguidos pela polícia em todo o país e também pela organização por trás dos eventos que culminaram na prisão de Lincoln, chamada "A Companhia", que envolve políticos e empresários poderosos. Esta não será a última vez que os irmãos terão que sair de uma cadeia, mas não quero estragar a experiência daqueles que ainda não deram uma chance para a série.

Enquanto o plano de fuga era desenvolvido de dentro da prisão, do lado de fora, a advogada e amiga de Michael, Veronica Donovan, tentava de todas as formas comprovar na justiça a sua inocência. Em nosso décimo devocional, tendo como pano de fundo esta saga, gostaria de conversar a respeito da maneira como Michael escolheu ajudar seu irmão. O primeiro nível de auxílio foi o esperado em situações que envolvem a justiça: por meio de uma advogada, que procurou resolver a questão usando os meios legais. Porém, neste caso específico, Michael usou um nível mais profundo de estratégia, a fim de ajudar seu irmão: abriu mão de sua liberdade, para estar no mesmo lugar que ele e resolver a questão.

PRISON BREAK

Pensando um pouco nesta analogia para nosso devocional, acredito que podemos também estabelecer dois níveis de ajuda para pessoas ao nosso redor. A luta judicial de uma advogada que defendia Lincoln pode ser associada à nossa ajuda a partir das orações que fazemos pela vida de determinada pessoa, sendo essa intercessão suficiente para uma série de situações. Por outro lado, da mesma forma como Michael sofreu para ajudar Lincoln, sendo preso para dar continuidade ao plano, em diversas ocasiões **apenas** orar não resolve o problema. O negrito em "apenas" tem o objetivo de frisar que a oração é a nossa única arma espiritual e que, por isso, deve ser usada em todo o tempo e em todas as situações possíveis.

O texto base de hoje, porém, mostra que, em situações práticas da vida das pessoas, devemos fazer mais do que orar por elas. Da mesma forma como o protagonista de *Prison Break* foi até onde seu irmão estava para ajudar, precisamos ter uma fé que extrapole o ambiente espiritual, e que se manifeste no mundo prático. Como igreja, precisamos ter empatia para com aqueles que estão sofrendo, conhecendo suas dores e, mesmo que não consigamos, de fato, resolver seus problemas, que, ao menos, saibam que podem contar conosco, pois as pessoas não são números e, como seres humanos, precisam ser respeitadas e valorizadas.

Que nossa espiritualidade possa ser tão madura a ponto de nos levar a fazer algo prático em nossa geração. Este é o legado de dois milênios da igreja de Cristo na terra e que devemos continuar carregando com orgulho e atitude!

Curiosidade
A série foi proibida em treze prisões americanas durante os horários de atividades e recreações.

Dia 11

O Gambito da Rainha

"Ai dos que chamam ao mal bem e ao bem, mal, que fazem das trevas luz e da luz, trevas, do amargo, doce e do doce, amargo." Isaías 5:20

O Gambito da Rainha é uma série original da rede de streaming Netflix, lançada no final de 2020, sobre a história de uma órfã chamada Beth Harmon, que se descobre um verdadeiro prodígio no xadrez. Enquanto sobe no ranking do esporte, ela precisa lidar com seus dilemas e vícios pessoais, procurando encontrar seu propósito no caminho. O índice de audiência da série a colocou como uma das mais assistidas na plataforma desde sua criação.

Tendo ao todo sete episódios em sua primeira temporada, a série fez mais do que bater recordes de audiência. Depois de seu lançamento, as pesquisas sobre o tema aumentaram exponencialmente. Esta procura pode ser comprovada a partir das buscas realizadas no Google sobre o xadrez e no aumento de cadastros em portais e aplicativos que permitem jogar e aprender o jogo *on line*. O isolamento social causado pela pandemia do Corona Vírus em 2020 foi outro fator que permitiu este renascimento do xadrez diante do grande público.

Embora existam muitos elementos interessantes para abordar, eu gostaria de refletir com vocês a respeito do título da série. Para quem não está acostumado ao mundo do xadrez, ele pode parecer um tanto quanto sem sentido. *Gambito* é uma versão aportuguesada do termo italiano *Gambetto*, que significa "pernas finas" ou "perninhas". No universo enxadrista, a palavra também tem relação com as pernas, pois é tido como uma "rasteira". A Rainha é chamada de Dama pelos profissionais do esporte, então poderíamos dizer que "o Gambito da Rainha" significa "a Rasteira da Dama".

Esta é uma jogada em que se sacrifica uma peça menor, como o peão, para se preparar uma armadilha que será usada mais tarde contra o adversário, a fim de ganhar peças mais valiosas. Jogadores amadores geralmente aceitam a "rasteira", mas enxadristas experientes conseguem reconhecer o gambito e armam sua defesa, escolhendo aceitar ou não a jogada. Toda esta introdução para falar que o gambito da Rainha é uma armadilha tática ou uma isca para levar o adversário a perder peças mais importantes ao longo da partida.

Em nosso texto base de hoje, o profeta Isaías faz uma dura reprimenda para aqueles que enganam, a partir da criação de narrativas que não estejam alinhadas com a realidade. Para aprofundarmos esta questão, podemos usar outro exemplo que a Bíblia nos traz no livro de Salmos:

"Abismo chama abismo, ao rugir das tuas cachoeiras; todas as tuas ondas e vagalhões se abateram sobre mim." Salmos 42:7

Este salmo é atribuído aos filhos de Corá, cuja trágica história familiar está descrita em Números 26:10-11. Corá rebelou-se contra Deus e foi condenado com seus seguidores, mas sua descendência foi poupada, pela misericórdia divina. A partir do histórico familiar, eles sabiam mais do que ninguém sobre a realidade deste texto. A rebeldia de Corá o levou a compartilhar seu discurso e fazer com que o movimento crescesse, culminando com sua morte e de seus seguidores. Um abismo chama outro abismo ou, um gambito chama outro gambito! O nosso inimigo é um excelente estrategista e fará de tudo para nos oferecer essas "rasteiras", que parecem como uma vantagem no primeiro momento, mas no futuro revelam sua natureza mortífera.

Se formos imaturos, não saberemos distinguir uma armadilha de uma oportunidade e acabaremos caindo nas ciladas do maligno. Por esta razão, a única proteção que temos contra Satanás é sermos cristãos experientes, que buscam conhecer mais e mais a respeito do Senhor e de nossa fé.

Curiosidade

A série investiu em consultoria de experientes enxadristas para auxiliar na filmagem das partidas, que acontecem ao longo dos episódios. Entre estes, Garry Kasparov, um prodígio no esporte, assim como a protagonista Beth Harmon. Ele foi o mais jovem campeão mundial de xadrez, aos 22 anos de idade, e é considerado por muitos como o melhor jogador de todos os tempos.

Dia 12

Cobra Kai

"Mas a mulher de Ló olhou para trás e se transformou numa coluna de sal."
Gênesis 19:26
"Lembrem-se da mulher de Ló." Lucas 17:32

A série original *Cobra Kai* estreou em 2018 e, até o momento, possui três temporadas retomando a vida dos personagens dos filmes da franquia *Karate Kid*. Ela se passa trinta anos depois dos acontecimentos do filme. A luta final entre Daniel LaRusso e Johnny Lawrence acaba moldando, de certa forma, a vida dos dois.

Reencontramos um fracassado Johnny de meia idade, atormentado pela sua condição atual, que é potencializada por ver que seu desafeto do passado é um bem-sucedido empresário, dono de uma revenda de carros. O caos de estar no fundo do poço, vendo o seu rival muito melhor do que ele, aprofunda ainda mais a sua crise.

Tudo muda quando ele resolve treinar seu vizinho, Miguel Díaz, um jovem hispânico que sofre *bullying* dos valentões da escola, apresentando um quadro de baixa autoestima e timidez, que o isola do convívio social. Johnny o defende de um agressivo caso de *bullying* e faz dele seu primeiro aluno, ao reabrir a academia da qual fazia parte no passado, a *Cobra Kai*. Além do caratê, Johnny procura ensinar Miguel a vencer suas limitações e angústias, tornando-se uma figura paterna para o rapaz. Pouco tempo depois, outros desajustados do colégio se unem a eles na academia de artes marciais. A reabertura da *Cobra Kai* e a tentativa de um recomeço para Johnny, somado aos diferentes interesses amorosos dos jovens da cidade, vai reacender a rivalidade entre LaRusso e Lawrence.

A estratégia dos roteiristas agradou, em primeiro lugar, outros adultos de meia idade como os protagonistas (incluindo este que vos fala), que assistiram aos filmes originais na década de 80. Além disso, despertou interesse nos seus filhos, em sua maioria adolescentes hoje, que gostam dos conflitos e arcos dos jovens da série. Só pelo que explanamos até aqui teríamos combustível para, pelo menos, três princípios em nosso devocional de hoje, porém quero fixar nossa atenção para o momento em que encontramos Johnny na série.

Um homem que não conseguiu seguir em frente após uma derrota em sua juventude e, por esta razão, ficou preso ao seu passado. Guardadas as devidas proporções, existem muitas pessoas que estão hoje na mesma situação. Em algum momento de seu passado sofreram com traumas, abusos ou fracassos e, de alguma forma, paralisaram suas vidas neste momento de suas histórias.

A Bíblia traz poucos detalhes a respeito da mulher de Ló, o sobrinho de Abraão, durante a destruição de Sodoma e Gomorra. Não temos nem ao menos seu nome, mas ela entrou para a história como um exemplo de desobediência a Deus, a ponto de ser lembrada por Jesus em um de seus discursos proféticos com relação ao fim dos tempos, em Lucas 17. Mas qual é a razão para uma punição tão grande por apenas uma "olhadinha" para trás? Em primeiro lugar, porque a ordem foi muito clara: *"Fuja por amor à vida! Não olhe para trás e não pare em lugar nenhum da planície..."* Gênesis 19:17a. Em segundo lugar, ela demonstrou hesitação ao parar e olhar para trás, como se, embora estivesse fora dos limites de Sodoma e Gomorra, as cidades ainda estivessem em seu coração. A consequência direta para este ato foi a sua transformação em uma estátua de sal. Gosto de usar o exemplo desta mulher para mostrar o que acontece quando nos apegamos ao passado, representado pelas cidades de Sodoma e Gomorra.

Johnny *"olhou para trás"* diante de sua derrota para Daniel e foi transformado em uma estátua de sal emocional, incapaz de olhar para o futuro e continuar sua vida. Estes eventos traumáticos assolam muitas pessoas em diversos níveis em nossos dias.

A inércia do protagonista de *Cobra Kai* acabou quando ele conseguiu deixar de olhar com comiseração para sua situação e sentiu empatia por alguém que estava precisando de sua ajuda. Este é o segredo! Já falamos sobre como o nosso propósito envolve amar a Deus e ao nosso próximo. Por isso, se o passado te impedir de prosseguir, sirva aqueles que estiverem ao seu redor. Isso levará você em direção a um novo futuro!

> **Curiosidade**
> Após o remake de Karate Kid, de 2010, com Jackie Chan e Jaiden Smith, os direitos do filme ficaram sob posse da produtora de Will Smith. Por isso, ele é um dos produtores de Cobra Kai.

Dia 13

O Mandaloriano

"Sou eu apenas um Deus de perto', pergunta o Senhor, 'e não também um Deus de longe? Poderá alguém esconder-se sem que eu o veja?', pergunta o Senhor. 'Não sou eu aquele que enche os céus e a terra?', pergunta o Senhor."
Jeremias 23:23-24

O Império caiu! A Nova República se instala em uma Galáxia despedaçada pelas guerras entre República e Separatistas, durante as Guerras Clônicas, e depois entre o Império e a Aliança Rebelde. Cinco anos se passaram desde a destruição da segunda Estrela da Morte e um momento de transição entre governos se instala. Nos limites da galáxia, conhecemos um caçador de recompensas chamado *Din Djarin*, que procura por "trabalhos" ou missões a partir da Guilda dos Caçadores de Recompensa. Tudo muda na vida de Mando, como ele é conhecido, quando cumpre uma tarefa de um oficial remanescente do Império, para roubar uma criatura chamada de "a Criança". Ele passará a protegê-la e muitas aventuras acontecerão nas duas primeiras temporadas da série, que estreou em 2019, na plataforma Disney+.

Os responsáveis pela primeira série de Star Wars em *live action* é Jon Favrou e Dave Filoni. O primeiro deu início ao MCU (Universo Cinematográfico da Marvel) e o segundo trabalhou nas séries animadas *Star Wars: The Clone Wars* e *Star Wars Rebels*, entre outras animações da saga. O Mandaloriano tem sido aclamado pela crítica e, principalmente, pelos fãs por inserir elementos clássicos de Star Wars em sua história, como Ahsoka Tano, Boba Fett, a princesa Bo-Katan e o sabre negro dos mandalorianos. Provavelmente conheceremos elementos sobre a raça de Mestre Yoda, a partir da chegada de Grogu, a "criança" de cinquenta anos que Mando protege e que foi entregue aos cuidados de Luke Skywalker, ao fim da segunda temporada.

Entre tantas características que poderíamos utilizar para compor um devocional sobre o Mandaloriano, gostaria de abordar uma em particular: a maneira como Mando foge dos grandes centros da galáxia, para se movimentar pelas periferias. A sua intenção é permanecer "invisível" para os radares, seja do Império, seja da Nova República. Ele não quer se envolver nas questões importantes ou ser o herói. Mando deseja apenas sobreviver neste mundo em constante mudança. Para as populações locais dos planetas por onde passa, a mudança da estrutura política não altera as vidas, pois continuam sofrendo, independentemente de quem estiver no poder.

Podemos imaginar a Nova República na série como a Igreja Cristã que não tem influência em todos os países e regiões do mundo. Ainda existem muitos lugares onde a presença da igreja ainda é pequena ou inexistente. É por esta razão que o movimento missionário ainda é fundamental. Oramos para que o Senhor levante missionários em nossa geração, pois esta é uma necessidade urgente. Além daqueles que irão às nações para iniciar projetos em locais onde o cristianismo ainda não existe, sentimos falta daqueles que compreenderão a sua cultura local e apresentarão o Evangelho às diferentes subculturas nas grandes cidades.

Em segundo lugar, Mando pode representar aqueles que tiveram problemas com a instituição no passado e, por isso, passam o tempo tentando "fugir" de qualquer igreja, pois acreditam que terão, em qualquer outro lugar, os mesmos problemas ou frustrações que tiveram no passado. É preciso distinguir a igreja, como instituição, de nosso relacionamento com Deus. O texto base de hoje nos mostra que é simplesmente impossível nos escondermos do Criador Todo-Poderoso. Ao longo do ministério, encontrei muitos "Mandos" caminhando pelas periferias do Reino, vivendo distantes dos preceitos das Escrituras. Nestes casos, percebia que o problema acompanhava a pessoa para onde ela fosse, pois, sem resolver nossas questões emocionais, colocaremos sempre a culpa em outra pessoa e nunca enxergaremos nossa parcela de responsabilidade em nossos relacionamentos.

Por isso, no devocional de hoje aprendemos duas lições importantes: em primeiro lugar, todos nós somos missionários do Reino nos locais de nossa influência e devemos orar, investir e (por que não?) ir ao campo missionário. Em segundo lugar, não podemos abandonar o convívio da igreja local por problemas pessoais. Deus não tem nada a ver com isso e, por mais que "fujamos", jamais conseguiremos nos esconder dEle!

Curiosidade
A primeira temporada da série custou cerca de U$ 100 milhões de dólares. Ou seja, cada episódio custou cerca de U$ 13 milhões!

Dia 14

Westworld

"O homem bom tira boas coisas do bom tesouro que está em seu coração, e o homem mau tira coisas más do mal que está em seu coração, porque a sua boca fala do que está cheio o coração." Lucas 6:45

    Westworld é um parque temático ambientado no Velho Oeste americano repleto de androides idênticos aos humanos. Estes robôs extremamente realísticos são chamados de "anfitriões" e seguem narrativas criadas para cada um deles. Estas narrativas são os roteiros que eles seguem todos os dias, de maneira automática. Os humanos que visitam o parque, pagando verdadeiras fortunas para entrar em *Westworld*, de maneira geral têm um único objetivo: realizar dentro do parque tudo aquilo que não têm coragem ou condições legais de fazer no mundo real. Todos estão livres das amarras sociais e morais que organizam o convívio em sociedade. O que para alguns é apenas uma aventura para sair da rotina, para outros se transforma em um exercício cruel de violência contra os androides, que não podem ferir os humanos. Todos os dias, as unidades danificadas pelos visitantes são levadas para o setor de manutenção, para serem consertadas e reinseridas em suas histórias no dia seguinte.

    Conforme avançamos na trama da série, descobrimos que *Westworld* é apenas um dos parques do complexo, que conta com outros parques temáticos como o Japão feudal ou a Europa durante a Segunda Guerra Mundial. Ao longo das três temporadas finalizadas até o momento, percebemos que os parques possuem objetivos muito maiores do que simplesmente entreter as elites do mundo com diversão para adultos. A corporação responsável pela administração dos parques possui um gigantesco banco de dados com todas as informações de seus clientes. Este é o verdadeiro ativo financeiro dos parques: a informação! Em paralelo, o criador dos androides, Dr. Robert Ford, gerou "camadas" de autoconsciência em uma das primeiras unidades, chamada Dolores. Existem outras subtramas muito interessantes pela discussão que trazem, mas o limite deste texto não permite que sejam abordadas.

    Para nossa conversa de hoje, quero aproveitar a inexistência de limites morais para os visitantes do parque. O versículo chave de hoje revela que nossas atitudes são resultado de nossos pensamentos. Tanto o bom tesouro quanto o mau nascem no coração do homem.

Sendo assim, em primeiro lugar, devemos buscar uma vida em sociedade baseada nos princípios da Palavra e na ética social. Acredito que, como cristãos, precisamos buscar um padrão moral e ético que faça jus ao Evangelho de Cristo. Não importa se para a sociedade em geral os fins justificam os meios, se prejudica outra pessoa; eu, como cristão, não devo fazer. Agir assim nos mostra como é estar no mundo, mas não pertencer ao mundo. A diferença é gigantesca!

Precisamos ser firmes em nosso posicionamento para que não sejamos influenciados pelo comportamento da maioria. A nossa conduta deve ser pautada pelas Escrituras. Além disso, precisamos definir quais são nossas inspirações em nossa vida. Quem você segue em suas redes sociais? Quais são as suas referências? Responder a estas questões ajudarão muito a compreender qual é a nossa cosmovisão de fato.

Conheça outras pessoas com os mesmos anseios e perspectivas, porque isso nos ajuda na compreensão de que não estamos sozinhos neste mundo. O grande desafio é escolher bem em quem devemos nos espelhar. Não devemos apenas viver no contexto da igreja, em uma espécie de bolha de proteção que nos impeça de enxergar aqueles que estão do lado de fora. Também não devemos buscar apenas os assuntos referentes ao funcionamento da sociedade, como política, economia, saúde, esporte ou outros, pois podemos nos tornar indiferentes para com a realidade espiritual presente em nosso cotidiano.

Na *Westworld* da vida real, que é a sociedade em que vivemos, existem pessoas boas ou pessoas más e cruéis. Não é possível distinguir quem são apenas com uma rápida observação externa. Serão as atitudes de cada um, nos parques temáticos da vida, que revelarão o que está verdadeiramente nos corações.

Curiosidade
Westworld é baseado no filme de mesmo nome, de 1973, dirigido e escrito por Michael Crichton. O sucesso do filme trouxe uma adaptação para a TV em 1980, chamada Beyond Westworld, com apenas uma temporada.

Dia 15

Chernobyl

"Porque não há nada oculto, senão para ser revelado, e nada escondido senão para ser trazido à luz." Marcos 4:22

Em 2019, a HBO lançou a minissérie intitulada *Chernobyl*, criada por Craig Mazin. Totalizando cinco episódios, a série trata, como era de se esperar, do desastre nuclear com a explosão do reator número quatro da usina, que aconteceu entre 25 e 26 de abril de 1986.

A usina ficava próxima à cidade de *Pripyat*, na Ucrânia Soviética, perto da fronteira com a Bielorrússia Soviética. O acidente aconteceu durante um teste de segurança simulando uma falta de energia na planta nuclear. A combinação catastrófica dos erros no projeto estrutural dos reatores, somados a uma sequência de falhas humanas na operação dos testes resultou no que ficou conhecido como o acidente nuclear mais catastrófico da história e um dos dois únicos incidentes a alcançar o nível 7, o máximo na escala Internacional de Acidentes Nucleares.

Aclamada pela crítica e pelo público, *Chernobyl*, a série, venceu em 2019 o *Emmy Awards*, um dos principais prêmios da TV, nas categorias de Melhor Minissérie, Melhor Direção e Melhor Roteiro, sendo indicada em mais dezesseis categorias nesta edição do evento. Embora seja baseada em fatos históricos, a minissérie não é um documentário. Nem tudo o que é retratado aconteceu da forma como foi descrito, seja em discursos dos personagens, seja em atitudes dos funcionários da usina ou, ainda, em cenas impactantes que não passam de lendas urbanas, sem comprovação histórica.

Com relação ao acidente, é consenso que a ocultação da verdade dos fatos pelas autoridades aumentou os efeitos da tragédia de maneira exponencial. Este acidente é bastante icônico, pois ocorreu pouco tempo antes colapso da União Soviética, decretando o fim da Guerra Fria e a vitória do capitalismo sobre o socialismo. Quero aproveitar este assunto real tratado pela minissérie para falar a respeito do estrago que a omissão, um nome bonito para a mentira, pode causar em nossos dias.

Todos nós, em diferentes níveis, temos uma responsabilidade com a verdade em seu sentido puro. Não importa se você é um político influente, pastor de uma grande igreja, líder de um departamento, responsável por uma célula ou um grupo familiar, funcionário ou o dono de uma empresa na iniciativa privada: todos precisamos de transparência e de um compromisso real com a verdade.

Mesmo que as justificativas para a omissão sejam plausíveis, simplesmente não vale a pena mentir, pois a verdade vem à tona e, quando vem, geralmente é devastadora. A palavra omissão tem o seguinte significado:

Ato ou efeito de não mencionar (algo ou alguém), de deixar de dizer, escrever ou fazer (algo); ato de deixar de lado, desprezar ou esquecer, preterição, esquecimento.

A omissão no âmbito político é cruel, pois, sob o argumento de não causar pânico, as autoridades deixaram de informar as populações próximas e evacuar estas cidades. Nem todos os que estão lendo este texto serão políticos influentes, então parece que esta realidade está muito distante de simples mortais como nós, correto? Errado! As suas atitudes podem não influenciar, de maneira direta, uma nação inteira, mas, mesmo assim, as pessoas estarão atentas ao que você lhes disser.

Como estudantes, não podemos omitir nossa responsabilidade com os estudos dentro e fora de sala de aula, pois as consequências serão notas horríveis e talvez uma reprovação.

Como pastores e líderes, não podemos omitir partes das Escrituras para agradar ao nosso público, pois Paulo nos diz, em 2 Timóteo 3:16, que toda a Escritura é útil para o ensino. Falar apenas sobre o amor de Deus, omitindo Sua Justiça e Sua Santidade diante do pecado, dará aos cristãos da próxima geração a profundidade de um pires, impedindo-os de criar raízes fortes nos momentos de tempestade e desafios da vida.

Lute pela verdade!
Ela é sempre o melhor caminho a seguir.

Curiosidade
A cidade de Pripyat, próxima à Usina de Chernobyl, nos dias atuais, é uma cidade fantasma. Ela foi aberta para visitação pública no final dos anos 90 e o turismo aumentou 40%, após o lançamento da série.

Dia 16

Todo Mundo Odeia o Chris

"Se o mundo os odeia, tenham em mente que antes odiou a mim." João 15:18.

Chris Rock é o filho mais velho de três irmãos, cada um com comportamentos e temperamentos distintos. Sua mãe, Rochelle, cuida da família com muito rigor (especialmente dele) e seu pai, Julius, trabalha em dois empregos para sustentar a família. Quando Chris completa 13 anos, eles mudam para Bed-Stuy e sua mãe, na expectativa de lhe oferecer um ensino e oportunidades melhores, envia-o para o Colégio Corleone Júnior, no distante bairro de South Shore. Um trajeto difícil para um futuro melhor.

A realidade de sua vida fica complicada com o *bullying* que sofre dos valentões da escola todos os dias e essa adaptação não será nada fácil. Ele ainda consegue um amigo, Gregory Wuliger, um nerd que não o ajuda nas brigas, fugindo ao menor sinal de perigo.

A série de comédia *Todo Mundo Odeia o Chris* teve quatro temporadas, exibidas entre 2005 e 2009 nos Estados Unidos, originalmente. Ela se passa nos anos 80 e, por esta razão, apresenta diversos elementos da cultura americana deste período, incluindo inúmeras referências ao preconceito racial em diferentes níveis. Por tratar de questões sensíveis à sociedade americana com humor, consegue ser uma série que traz à tona não apenas o entretenimento, mas também uma reflexão a respeito de questões complexas de nosso tempo.

Em nossa conversa de hoje, quero aproveitar o título da série para juntos respondermos à seguinte pergunta: Quem odeia você? Observando a Palavra de Deus, consigo encontrar três inimigos mortais que precisam ser identificados para que possamos derrotá-los. Está preparado? Vamos lá:

1 - Satanás e seus demônios odeiam você.
"Simão, Simão, Satanás pediu vocês para peneirá-los como trigo." Lucas 22:31.
Satanás foi um dos anjos da guarda celestial que se revoltou contra Deus e levou consigo um terço dos seres angelicais, em uma rebelião que gerou os demônios, principados e potestades demoníacas, que procuram desestabilizar nossas vidas 24 horas por dia. Sua motivação é muito simples: por odiar a Deus, que o destituiu da grandeza que tinha e, pelo orgulho de tentar ser equivalente Todo Poderoso, Satanás quer ferir e desviar a humanidade, desde o Éden até os dias de hoje.

2 – O mundo odeia você.
"Se o mundo os odeia, tenham em mente que antes odiou a mim." João 15:16

Este é um ponto que gera muita confusão entre os cristãos. O mundo significa um sistema contrário aos princípios da Palavra de Deus. A queda do homem e a entrada do pecado na humanidade resultou em sociedades hostis ao padrão moral proposto nas Escrituras. Combatemos este sistema, praticando aquilo que pregamos, sendo luz para os locais sombrios da terra.

3 – Sua carne odeia você.
"Pois se vocês viverem de acordo com a carne, morrerão; mas, se pelo Espírito fizerem morrer os atos do corpo, viverão." Romanos 8:13

A lista de quem não gosta de você não pára de aumentar! Além de Satanás e seus demônios, mais o sistema de governo do mundo, você ainda precisa enfrentar a carne dentro de você. Precisamos enfraquecer a carne para que apenas o espírito prevaleça, moldando o que sentimos e o que pensamos, a partir de uma perspectiva bíblica. Isto acontece por meio das disciplinas espirituais como jejum, oração, leitura, meditação e estudo da Palavra de Deus.

Não é uma tarefa fácil compreender os inimigos que temos para enfrentar e que eles nunca deixarão de ser nossos inimigos. Satanás nos odeia, este mundo nos odeia e nossa carne nos odeia. As pessoas que querem o nosso mal estão sob influência destas forças, portanto não são nossas inimigas!

Devemos dobrar nossos joelhos e buscar em Deus para que nos livre das armadilhas destas forças contrárias a Ele e aos Seus filhos e filhas.

Identifique seus inimigos reais e use as armas que Deus lhe deu para vencê-los! Vamos economizar muita energia, deixando de lutar contra as pessoas ao nosso redor.

Curiosidade

O ator que interpreta Chris na série, Tyler James Willians, se irritou com os fãs brasileiros pois, independentemente do que ele publicava em suas redes sociais, milhares de comentários em português apareciam com suas falas da série.

Dia 17

Once Upon a Time

"Meus irmãos, se algum de vocês se desviar da verdade e alguém o trouxer de volta, lembrem-se disso: Quem converte um pecador do erro do seu caminho, salvará a vida dessa pessoa e fará que muitíssimos pecados sejam perdoados." Tiago 5:19,20

A pacata cidade de Storybrooke, no estado do Maine, esconde muito mais do que os olhos podem ver. A prefeita Regina Mills é, na verdade, a Rainha Má dos contos de fadas e logo descobrimos que todos os moradores são personagens destas histórias clássicas como Branca de Neve, Cinderela, Pinóquio, Capitão Gancho, entre outros. Nenhum deles lembra de seu passado, pois uma maldição lançada pela rainha trouxe todos eles das histórias para nosso mundo, onde tiveram suas verdadeiras identidades alteradas e suas memórias apagadas. Regina vive, então, em seu mundo ideal, pois tem o controle absoluto de todos os personagens, inclusive de seus desafetos, como a Branca de Neve e o Príncipe Encantado.

A única esperança dos personagens é a filha de Branca e Encantado, chamada *Emma Swan*. Como ela foi enviada para o nosso mundo antes de a maldição ser lançada, chegou aqui com a capacidade de ser a Salvadora deste lugar, pois tinha o poder para destruir a maldição. Ela teve um filho chamado Henry que entregou para adoção assim que nasceu e que será adotado por Regina. Quando Henry, ainda criança, consegue encontrar sua mãe biológica e levá-la até *Storybrooke*, o feitiço é quebrado e todos retomam suas memórias.

A salvadora Emma é a protagonista da série, mas o papel que mais chama a atenção é, sem dúvida nenhuma, Regina Mills e as mudanças em sua história. Ela começa como uma rainha perversa, sem coração e cruel. Mas, à medida que a trama se desenvolve, ela terá contato com sentimentos até então desconhecidos. Podemos destacar o amor de seu filho Henry que, aos poucos, aflorou seu instinto materno; a amizade de outros personagens; o altruísmo ao poder ajudar aqueles que estavam em apuros, entre outros. Mas, com certeza, o que fez diferença em sua vida foi o perdão em diversos níveis.

Regina recebeu o perdão dos habitantes de Storybrooke, que continuaram convivendo com ela, recebeu o perdão da Branca de Neve mesmo depois de ter--lhe causado muito sofrimento e, por fim, conseguiu perdoar a si mesma, quando lutou contra a sua versão totalmente má.

O perdão possui um poder gigantesco em nossas vidas. Não devemos guardar mágoas ou rancor de quem nos fez mal ao longo da vida, mas, sim, liberar o perdão ou então pedí-lo, no caso de termos feito algo contra alguém. Esta é uma atitude muito importante que demonstra, de maneira prática, a nossa prioridade na compreensão de nosso propósito de vida, como já tratamos em textos anteriores. O apóstolo Paulo deixa isso muito claro em sua carta aos Colossenses 3:13:

"Suportem-se uns aos outros e perdoem as queixas que tiverem uns contra os outros. Perdoem como o Senhor lhes perdoou."

Regina recebeu misericórdia a partir de sua convivência com pessoas das quais ela não gostava, mas que também não conhecia bem. Quando teve a oportunidade de conviver com estas pessoas em Storybrooke, foi mudando sua maneira de pensar, até alcançar a redenção completa.

Este é um excelente exemplo que nos ajuda a compreender as razões pelas quais precisamos da igreja local. É apenas a partir do convívio que podemos lidar com nossas limitações, amadurecer o nosso caráter e aprender a conhecer as pessoas para além das impressões superficiais.

Perdoar quem nos ofendeu é reflexo de um coração que amadureceu e compreendeu que, embora não merecesse, foi perdoado por Deus a partir do sacrifício supremo de Cristo na Cruz. Somos todos maus por causa de nossa natureza pecaminosa, mas podemos nos tornar bons, através da misericórdia de Deus sobre nossas vidas. Regina experimentou a redenção que transformou sua identidade e nós podemos experimentar a mesma sensação, por meio do convívio e da prática do perdão.

Curiosidade

Os produtores de Once Upon a Time, Adam Horowitz e Edward Kitsis, trabalharam em Lost antes de se dedicarem a este conto de fadas. A semelhança na dinâmica da série com os flashbacks dos personagens não é mera coincidência!

Dia 18

The Umbrella Academy

"Pai para os órfãos e defensor das viúvas é Deus em sua santa habitação."
Salmos 68:5

Um evento global muito estranho ocorreu no dia primeiro de outubro de 1989: quarenta e três mulheres ao redor do mundo deram à luz simultaneamente, sem os tradicionais nove meses de gestação. Elas simplesmente entraram em trabalho de parto e as crianças nasceram. Destas crianças, sete foram adotadas pelo bilionário excêntrico *Sir Reginald Hargreeves*, cuidadas, treinadas e transformadas em super-heróis com os poderes especiais que possuíam. A equipe resultante deste esforço do pai adotivo formou a denominada *Umbrella Academy*. Hargreeves não deu nomes e, sim, números às crianças, porém uma mãe robô, chamada Grace, chamava-os de Klaus, Diego, Ben, Vanya, Número Cinco (ele não tinha outro nome), Luther e Allison.

A série começa nos dias atuais, com o grupo separado, cada um com suas diferentes profissões e dilemas, quando acabam se reunindo para o funeral de Reginald. Cinco volta do futuro, perseguido por outros viajantes do tempo, com a informação de que um cataclisma global está prestes a acontecer e eles precisam impedir este verdadeiro apocalipse.

O programa foi um dos mais assistidos na Netflix em 2019, durante o seu ano de estreia e, após mais episódios lançados, já conta com uma nova terceira temporada encomendada, mas sem previsão de estreia até o momento da escrita deste texto.

Consigo associar um tema muito importante, relacionado ao elo que une os sete personagens principais da série, que é a sua adoção que receberam de Reginald Hargreeves.

A Bíblia mostra em 46 versículos o tratamento reservado aos destituídos e desventurados. Entre os grupos citados quanto à questão social, muito retratada nas Escrituras, está o de órfãos. No contexto do Antigo Testamento, havia dois tipos de órfãos: menores de idade que perderam ambos os pais por causa de suas mortes ou aqueles que foram abandonados por causas diversas. Em comum, eles não tinham herança ou vínculo familiar, já que a Lei do Antigo Testamento era explícita com a responsabilidade de outros parentes cuidarem de órfãos. Crianças sozinhas no mundo sem perspectiva nenhuma de um futuro. Por esta razão, a adoção é descrita no Novo Testamento como algo que demonstra externamente para a sociedade a fé que temos internamente. Conforme o apóstolo Tiago nos desafia:

> *"A religião que Deus, o nosso Pai, aceita como pura e imaculada é esta: cuidar dos órfãos e das viúvas em suas dificuldades e não se deixar corromper pelo mundo." Tiago 1:27*

Gostaria de convidá-lo a refletir sobre isso. No Brasil, no ano de 2020, havia 30 mil crianças recolhidas pelo Estado e 5 mil aptas para adoção, segundo os dados do Sistema Nacional de Adoção e Acolhimento (SNA), do Conselho Nacional de Justiça. A maioria está sob a tutela estatal por causa de sua vulnerabilidade, pois a Justiça entende que ficar com os pais, nestas condições, incorre em risco para a criança. A igreja possui um papel fundamental hoje com diversas ONG's e projetos que ajudam a oferecer uma oportunidade de futuro para estas crianças e adolescentes que já passaram em suas infâncias por coisas que nós não podemos sequer imaginar.

Existem instituições que permitem o auxílio financeiro para que os idealizadores dos projetos possam se dedicar exclusivamente para o trabalho de oferecer uma opção de futuro e conhecer a Deus como um Pai Amoroso. Outras permitem que uma destas crianças seja "apadrinhada" e seja possível interagir com ela em momentos específicos. E claro, é possível adotar uma criança e transformar sua vida para sempre.

Temos um papel importante em nossa geração: equilibrar nossa vida espiritual de intimidade com Deus por meio de atitudes práticas que transformem, de fato, a nossa sociedade. Sonho com o dia em que não teremos mais crianças órfãs, pois todas elas terão sido adotadas e terão um lar seguro para viver e serem amadas. Seria eu um sonhador? E será que sou o único?

Curiosidade
A série é uma adaptação das HQ's de mesmo nome, criada por Gerard Way e pelo quadrinista brasileiro Gabriel Bá, publicada pela Dark Horse Comics.

Dia 19

The Big Bang Theory

"Quem pensa conhecer alguma coisa, ainda não conhece como deveria." 1 Coríntios 8:2

Leonard Hofstadter é um físico experimental que divide o apartamento onde mora com Sheldon Cooper, físico teórico brilhante, mas pouco ou nada sociável. Eles representam com bastante exagero, é verdade, o estereótipo do "nerd" de minha geração ou do "geek" das gerações mais recentes. Seus amigos são Howard Wolowitz, engenheiro aeroespacial e Rajesh Koothappali, que é astrofísico. Eles são amigos e colegas de trabalho introvertidos com pouco relacionamento com o mundo exterior, além de suas casas e seus laboratórios de pesquisa na Caltech, Instituto de Tecnologia da Califórnia.

A vida dos amigos vai mudar drasticamente quando a aspirante à atriz e garçonete da lanchonete *Cheesecake Factory*, Penny, muda para o mesmo prédio, em frente ao apartamento dos cientistas. A relação é complexa, pois Penny, embora tenha um conhecimento do mundo e da vida pautado pelo senso comum, possui habilidades de relacionamento social que os quatro amigos nem sonham. Enquanto Sheldon despreza esta nova moradora do prédio, Leonard enxerga nela uma oportunidade de conhecer o mundo real, fora da bolha dos cientistas e acadêmicos que são estereotipados no programa.

The Big Bang Theory apresentou doze temporadas no total, entre os anos de 2007 e 2019. Os criadores foram Chuck Lorre e Bill Prady e a série ganhou vários prêmios como o *TCA* de "melhor série de comédia" em 2009. O ator Jim Parsons, que interpreta Sheldon, ganhou por quatro vezes o *Emmy Awards* de melhor ator de série de comédia e um *Globo de Ouro* na mesma categoria, entre vários outros prêmios.

Quero aproveitar o contexto dos quatro amigos que tinham problemas de relacionamento com o mundo exterior, para conversar com vocês a respeito de comunicação. Penny, nas primeiras temporadas, não compreendia praticamente nada do que eles conversavam, até que se acostumou e passou a assimilar os termos e manias, especialmente após a chegada das cientistas Bernadette e Amy. A comunicação, que era nula, aos poucos começa a fazer certo sentido para Penny. É interessante perceber que não foi apenas ela quem aprendeu sobre o mundo "nerd", mas os doutores (exceto Howard, que tinha "apenas" um mestrado) também aprenderam sobre o mundo de Penny.

A comunicação sempre foi uma grande barreira para que os cristãos pudessem apresentar o Evangelho em qualquer cultura. Missionários no passado chegaram em lugares onde a língua era completamente diferente e precisaram adaptar sua linguagem e aprender com aqueles que estavam recebendo o Evangelho pela primeira vez. Nos dias de hoje isso não é mais necessário, correto? Errado! A globalização trouxe um amálgama de culturas, uma grande fusão de diversos movimentos que formam novas estruturas dinâmicas, que estão em constante mutação e adaptação. Este processo gera diversos movimentos culturais dentro das sociedades, retornando à questão inicial dos missionários, a partir do grande desafio da comunicação.

Embora a língua seja conhecida, a linguagem muitas vezes não é. Por esta razão, é preciso conhecer a cultura ao nosso redor, para que possamos comunicar o Evangelho de modo que ele seja compreendido por aquele que ouve. Como cristãos, precisamos começar a pensar em quem nos ouve mais do que em nós mesmos. A nossa linguagem muitas vezes possui elementos que são incompreensíveis para pessoas que não fazem parte da comunidade cristã. Por exemplo, as músicas ouvidas nas igrejas muitas vezes não são compreendidas por quem é de fora. Neste sentido, a linguagem, que deve ser um elemento de aproximação, pode acabar afastando.

Para resolver esta questão, precisamos pensar em estratégias que aproximem as pessoas de Jesus e, consequentemente, da igreja. Alguns daqueles que nos veem de fora acreditam que somos perfeitos ou que não temos lutas e desafios e, por se sentirem fracas, não reconhecem que podem fazer parte do Corpo de Cristo.

Traga a realidade e, principalmente, a simplicidade do Evangelho em seu evangelismo. Cristo continua atraindo multidões para Seus braços de amor! A nossa parte nesta grande equação é comunicar essa verdade com alegria e amor para toda a humanidade.

Curiosidade
Todas as milhares de equações que aparecem ao longo das temporadas da série são reais e checadas por especialistas, que deram consultoria e trabalharam na produção do programa.

Dia 20

Chaves

"O céu e a terra passarão, mas as minhas palavras jamais passarão."
Mateus 24:35

"*El Chavo del Ocho*", no original, ou "Chaves", no Brasil, é uma série cômica mexicana, criada por Roberto Gómez Bolaños, que também era o responsável pelo roteiro, direção e atuação no papel principal, como o menino Chaves, de oito anos, que morava na casa de número oito da Vila, embora o vejamos apenas em um barril nos episódios. O enredo conta a história de um menino inocente, que vive em uma vila e interage com os moradores das casas, como Quico, Chiquinha, Seu Madruga, Professor Girafales, Dona Florinda, a Bruxa do 71, senhor Barriga, entre outros.

A série estreou em 1972 e, a partir do ano seguinte, devido ao grande sucesso, passou a ser distribuída para diversos países na América Latina com um elevado índice de audiência em todos eles. O programa do Chaves saiu do ar em 1980, embora tenha continuado como um quadro menor no programa Chespirito até 1992. Isso significa que o programa principal não apresenta nada novo há quatro décadas e, mesmo assim, continua sendo um grande sucesso de público. Isso, com certeza, é algo realmente surpreendente!

O programa foi bastante criticado no México em seu início, de maneira especial pela violência apresentada pelos tapas e socos que os personagens recebiam na série. Conforme os episódios foram acontecendo, o que se destacou foi o caráter universal dos roteiros de Bolaños, que transformou uma série sobre o cotidiano de uma vila mexicana em um programa internacional e, principalmente, atemporal. Não importa quanto tempo passe, a série continua atraindo crianças e o gosto por Chaves e sua turma é transmitido de geração em geração.

A questão da atemporalidade é um excelente assunto para o nosso devocional de hoje. A mesma lógica por trás do sucesso de Chaves pode nos ajudar a compreender como devemos encarar a nossa relação com a Bíblia. Afinal, ela tem milhares de anos e continua em nosso meio, atraindo milhões de pessoas continuamente para conhecer a Deus e Seu plano de redenção para a humanidade, a partir de seus livros.

Neste sentido, o que explica esta perpetuação da Bíblia com o passar dos séculos? Em primeiro lugar, cada um dos testamentos foi escrito por diversos autores, de diferentes realidades geográficas e períodos históricos distintos. Isso, por si só, revela que a harmonia entre os sessenta e seis livros que a compõem precisa de uma explicação que extrapole a simples compilação de textos antigos. Deus é o autor que inspirou os escritores com a mensagem a ser escrita.

Em segundo lugar, embora trate da realidade de Israel e de sua relação com outras nações e culturas na região, os princípios gerais podem ser extraídos para qualquer contexto, a partir de uma análise teológica séria dos textos, pois eles são atemporais e universais. Para obter o melhor da Bíblia, é fundamental que venhamos a conhecer o contexto original em que os livros foram escritos, qual o público original que ouviu o discurso ou leu o documento primitivo. Então, extraindo a essência dos textos, é possível aplicá-los melhor em nossa realidade contemporânea.

Em terceiro lugar, para os cristãos, a Bíblia corresponde à Palavra de Deus. Não uma parte, mas a sua totalidade. Neste sentido, da mesma forma como Deus é eterno, Sua Palavra também o é. Como está escrito:

"A tua palavra, Senhor, para sempre está firmada nos céus." Salmos 119:89;

Em quarto lugar, a Bíblia é a expressão exata da verdade que precisamos para uma vida bem sucedida na terra:

"A verdade é a essência da tua palavra, e todas as tuas justas ordenanças são eternas." Salmos 119:160

Embora tenha uma origem e um público original, tanto no Antigo quanto no Novo Testamento, a essência da Palavra é atemporal e universal. Toda cultura de toda a história tem a oportunidade de aprender princípios que se renovam a cada novo dia! Que eu e você sejamos instrumentos para que a mensagem da Bíblia continue sendo transmitida e lida por toda a humanidade!

Curiosidade
O barril do Chaves é um esconderijo secreto, pois ele mora na casa número 8. Nunca soubemos com quem ele mora ou qual o seu nome verdadeiro pois "El Chavo" pode ser traduzido livremente como "O Menino".

Dia 21

Stranger Things

"Não mude de lugar os antigos marcos que limitam as propriedades e que foram colocados por seus antepassados." Provérbios 22:28

O desaparecimento do estudante *Will Byers*, na cidade de *Hawkins*, desencadeia a procura das autoridades locais pelo garoto, gerando um movimento de busca, principalmente, por parte de seus amigos mais próximos. O que seria um caso de sequestro acaba revelando uma série de mistérios, conspirações e fenômenos sobrenaturais. Aliás, como esta receita é frequente nas séries! Nesta jornada, os jovens encontrarão uma estranha garota com poderes tele cinéticos, chamada "Onze" (Eleven, no original). Ela fugiu de um laboratório secreto que fazia experimentos com crianças.

Will estava em uma dimensão paralela, chamada *Mundo Invertido*, onde criaturas horripilantes, os *Demogorgons*, habitam. A presença de um humano nesta dimensão trará consequências para a realidade, com a chegada dos monstros em nosso mundo. Tudo isso, somado à presença de um grupo misterioso soviético, além das mudanças que a adolescência traz para os personagens que crescem conforme se desenvolvem as temporadas, justifica a aceitação do programa diante do público.

Esta é a trama inicial de *Stranger Things*, série original da Netflix que estreou em 2016, contando com três temporadas disponíveis, e uma quarta anunciada até o momento. Ela foi aclamada pela crítica e pelo público, por diversos aspectos, como as atuações, a direção, roteiro, trilha sonora e um fator que, em minha opinião, fez toda a diferença na série: sua homenagem à cultura pop dos anos 80 do século XX. Filmes de sucesso e músicas icônicas são referenciadas ao longo dos episódios. Esta é uma excelente maneira de chamar a atenção daqueles que, como eu, cresceram neste período, sem deixar de lado a nova geração que nunca ouviu falar de *Goonies*, *Caça Fantasmas*, *Dungeons and Dragons*, e tantas outras referências existentes.

Vivemos em uma sociedade imediatista que procura resultados rápidos em todas as áreas. A modernidade líquida, conceito forjado pelo sociólogo Zigmund Bauman, ajuda a explicar esta volatilidade do mundo em que vivemos. Relacionamentos fugazes, imediatismo, egocentrismo e um progressivo isolamento, em virtude das múltiplas atividades que são desenvolvidas diariamente, ajudam as pessoas a pensarem no aqui e no agora e esquecerem de suas identidades.

Nós somos o fruto da somatória de nossas experiências. Elas são compostas pelas escolhas e decisões que tomamos ao longo da vida, mas, principalmente, pela nossa linhagem familiar. No final, somos o resultado contemporâneo de gerações e gerações que nos antecederam. Neste ponto, encontro uma semelhança entre *Stranger Things* e a nossa vida. Da mesma forma como a série respeita e faz uma homenagem à produção cinematográfica que inspirou os produtores, os irmãos Matt e Ross Duffer, eu e você devemos honrar o legado que nos foi entregue, seja em nossa família, seja como Igreja de Cristo na terra.

O texto base de hoje fala sobre não remover os marcos antigos das propriedades que os antepassados haviam colocado. Embora o texto fale de uma questão imobiliária prática, podemos transferir esta mesma ideia para a nossa realidade. Todos nós recebemos marcos que vieram por meio das gerações anteriores. Embora devamos olhar para frente, pensando sempre em melhorar, não podemos negligenciar a história que nos precede. Como Igreja de Cristo, precisamos honrar e respeitar a história da denominação à qual fazemos parte. A melhor maneira de fazer isso é conhecer esta trajetória, como tudo começou, quem são os precursores, enfim, todos os parâmetros que nos ajudem a compreender a jornada até o momento em que passamos a fazer parte dela. O mais incrível de tudo isso é que esta história ainda está sendo escrita (e continuará sendo) até o retorno de Jesus para buscar Sua Igreja.

Honre a memória de quem te antecedeu, seja na sua família ou seja na sua igreja. Estes marcos antigos não devem ser retirados em nossa geração, mas devemos aprender a conviver com eles usando este legado para fazermos a diferença em nosso tempo!

Curiosidade
O projeto do seriado Stranger Things, que tinha outro nome originalmente, foi rejeitado aproximadamente vinte vezes antes de ser aceito pela empresa de streaming Netflix! Este é um verdadeiro combo de persistência, perseverança e resiliência.

Dia 22

Breaking Bad

"Ao ouvir isso, Jó levantou-se, rasgou o manto e rapou a cabeça. Então prostrou-se no chão em adoração, e disse: 'Saí nu do ventre da minha mãe, e nu partirei. O Senhor deu, o Senhor levou; louvado seja o nome do Senhor'. Em tudo isso Jó não pecou nem de nada culpou a Deus." Jó 1:20-22

Walter White é um professor de adolescentes que vive na cidade de Albuquerque, no estado americano do Novo México. Ele é frustrado profissionalmente por não ter alcançado os objetivos financeiros que lhe dariam a estabilidade que tanto buscava, mesmo possuindo um intelecto privilegiado. A família White está extremamente endividada, sua esposa está grávida e seu filho sofre de paralisia cerebral. Para piorar, ele acaba descobrindo que está com um câncer terminal no pulmão. A sucessão de traumas e notícias ruins leva Walter a perder o controle emocional, passando a produzir meta anfetaminas com seu ex-aluno, Jesse Pinkman. Ele escolhe deixar a vida de pacato cidadão para se transformar em um criminoso, sob o pretexto de arcar com os custos de seu tratamento contra o câncer e oferecer uma chance de estabilidade financeira para sua família.

Este é o resumo de *Breaking Bad*, uma série criada por Vince Gilligan. Ela é aclamada pelo público e pela crítica como sendo uma das melhores séries já produzidas em todos os tempos. Parte deste sucesso está na atuação primorosa dos atores, em especial Bryan Cranston, que dá vida ao protagonista. Outra razão para seu desempenho está no roteiro original. Geralmente acompanhamos a transformação de vilões em suas jornadas de redenção, mas, neste caso, vemos o herói gradativamente se transformar em um anti-herói. *Breaking Bad* ganhou dezesseis *Primetime Emmy Awards*, oito *Satellite Awards*, dois *Globos de Ouro* e muitos outros prêmios. No ano de 2014, a série entrou para o Guinness Book como seriado melhor avaliado de todos os tempos. Isso não é pouca coisa no mundo do entretenimento! Estreou em 2008 e concluiu sua história em 2013, após cinco temporadas de existência.

Gostamos muito de acreditar que temos o controle de nossas vidas. A realidade, porém, é que não temos... Eventos acontecem e nos desestabilizam com uma velocidade incrível. Um dia estamos maravilhosamente bem, quando, de repente, uma notícia retira o chão debaixo de nossos pés e tudo começa a ruir. A demissão de um emprego, enfermidades, o sofrimento de quem amamos. Observando nosso texto base, conhecemos alguém que passou por algo terrível em sua vida. Jó, homem temente a Deus, perdeu seus bens, sua família e, por fim, sua saúde. O versículo que lemos mostra que, mesmo nessas condições tão difíceis, em nenhum momento ele culpou a Deus pelo que estava vivendo.

Existe em nosso subconsciente cristão uma ideia de que, por sermos filhos e filhas de Deus, nada de ruim acontecerá conosco. Mas esta ideia não é bíblica e sim humanista, pois nas Escrituras encontramos as seguintes referências:

> *"Eu lhes disse essas coisas para que em mim vocês tenham paz. Neste mundo vocês terão aflições; contudo, tenham ânimo! Eu venci o mundo".* João 16:33
>
> *"E aquele que não carrega sua cruz e não me segue não pode ser meu discípulo."* Lucas 14:27
>
> *"Para que vocês venham a ser filhos de seu Pai que está nos céus. Porque ele faz raiar o seu sol sobre maus e bons e derrama chuva sobre justos e injustos."* Mateus 5:45

Desta forma, precisamos encarar momentos de dificuldade como oportunidades preciosas para nos aproximarmos de Deus. Claro que este discurso é maravilhoso na teoria, mas muito difícil na prática. Por esta razão, compreender a figura de Jó é fundamental para nos ajudar em nossa jornada. O servo de Deus sempre foi reto e justo. Quando os problemas chegaram, ele não precisou começar este relacionamento, apenas manter aquilo que já havia cultivado.

É por esta razão que um dos assuntos que mais tratamos em nossos livros e pregações é a necessidade de cultivarmos a intimidade com Deus hoje. No dia mau, você permanecerá firme nEle e em Suas promessas!

Curiosidade

A série possui várias escolhas que não são por acaso, e uma delas é o número de 62 episódios no total. Na tabela periódica, 62 é o número atômico do Samário, que é utilizado para tratar alguns tipos de câncer, incluindo o de pulmão, que acometia Walter White.

Dia 23

How I Met Your Mother

"Nós somos testemunhas de tudo o que ele fez na terra dos judeus e em Jerusalém, onde o mataram, suspendendo-o num madeiro. Deus, porém, o ressuscitou no terceiro dia e fez que ele fosse visto, não por todo o povo, mas por testemunhas que designara de antemão, por nós que comemos e bebemos com ele depois que ressuscitou dos mortos." Atos 10:39-41

Contar para seus filhos as experiências que culminaram no encontro com a mulher que um dia seria a mãe deles. Basicamente, de maneira muito simplista, este é o tema central de *How I Met Your Mother*. A série conta a história de *Ted Mosby* e seus amigos, mostrando os problemas e desafios de jovens adultos recém formados, que precisam se estabelecer e tomar decisões com relação ao futuro de suas vidas em diferentes áreas.

A grande inovação da série está em sua narrativa distinta. Quem conta esta história é o próprio *Ted*, no ano de 2030, conversando com seus filhos, falando sobre os eventos que ocorreram 25 anos antes. Quanto mais tempo se passa, mais difícil fica manter-se fiel ao que aconteceu de fato. E isso fica explícito na série, pois vemos os atores realizando coisas impossíveis para humanos comuns, como saltar carros com uma bicicleta infantil ou pular do terceiro andar do prédio sem sofrer nenhum arranhão. Assim, não sabemos se estamos assistindo a realidade do que aconteceu ou apenas a versão de Ted da história. No caso de *HIMYM*, este é um dos fatores que a transformaram em uma série *cult,* aclamada pelos fãs e pela crítica especializada. Na vida real, porém, precisamos de relatos fiéis sobre eventos importantes de nossa história.

No texto base de hoje, o médico Lucas descreve um dos discursos do apóstolo Pedro, em que ele afirma ser uma testemunha ocular de tudo aquilo que Jesus fez na terra. A escrita dos testemunhos dos apóstolos que estão contidos nos quatro Evangelhos, no Livro de Atos e nas diversas cartas neotestamentárias, tinha o objetivo de auxiliar a próxima geração de cristãos e, de maneira especial, os líderes desta igreja nascente. Eles seguiam um Jesus que nunca haviam visto e muitos morreriam por Ele durante os períodos de perseguição do império romano. Por esta razão, uma descrição com fidedignidade e precisão era vital para a sobrevivência da igreja.

Quando falo sobre isso aos meus alunos no Bacharelado em Teologia, gosto sempre de apontar para o exemplo de Lucas, responsável tanto pelo Evangelho que leva seu nome, como também pelo livro de Atos dos Apóstolos. Mesmo não tendo visto Jesus, ele coletou os testemunhos daqueles que o fizeram. O seu primeiro livro começa da seguinte maneira:

> *"Muitos já se dedicaram a elaborar um relato dos fatos que se cumpriram entre nós, conforme nos foram transmitidos por aqueles que desde o início foram testemunhas oculares e servos da palavra. Eu mesmo investiguei tudo cuidadosamente, desde o começo, e decidi escrever-te um relato ordenado, ó excelentíssimo Teófilo."* Lucas 1:1-3

É possível perceber o cuidado que Lucas teve em coletar as informações diretamente com quem esteve com Cristo durante seu ministério terreno. Da mesma forma, eu e você precisamos ser fiéis em nosso testemunho a respeito de nossas experiências com Jesus ao longo de nossas vidas. Muitos acreditam que precisam ter anos de caminhada cristã ou serem formados em teologia para poderem falar a respeito de sua fé com os outros. Todos nós temos pelo menos uma arma quando começamos nossa caminhada cristã, que é o nosso testemunho. Não o despreze, pois é uma arma poderosa para todos aqueles que nos conhecem. A mudança de vida, a transformação no caráter, enfim, tantos detalhes que serão percebidos, podem e devem ser usados para falar a respeito dAquele que possibilitou tudo isso: Jesus!

Conforme você compartilha sua jornada com Cristo, deve se preparar cada vez mais para ser útil ao Reino de Deus. Mas, não se esqueça de que o seu testemunho é o elemento que transforma o Evangelho em algo palpável para todos aqueles que cruzarem o seu caminho.

Curiosidade
Todas as cenas em que o Ted de 2030 conta sua história para seus filhos foram gravadas no início da série. O objetivo era que a fisionomia das crianças não mudasse muito ao longo dos nove anos da série. O que significa, em última instância, que o final da série já estava previsto desde o início das filmagens!

Dia 24

House of Cards

"Diante disso, os supervisores e os sátrapas procuravam motivos para acusar Daniel em sua administração governamental, mas nada conseguiram. Não puderam achar falta alguma nele, pois ele era fiel; não era desonesto nem negligente." Daniel 6:4

Francis Underwood ou *Frank*, como é chamado intimamente, é um congressista americano ávido por poder. Suas articulações políticas garantem a eleição do presidente dos Estados Unidos. Ele fez seu trabalho sob a promessa de um cargo como Secretário de Estado. Porém, logo no início da trama, ele descobre que a promessa não será cumprida justamente por sua habilidade em fazer o que for preciso para vencer nos bastidores – o novo presidente quer vê-lo trabalhando em seu favor no Congresso. Enfurecido pela traição e quebra de acordo, Frank passa a trabalhar em causa própria, para que alcance o poder de qualquer maneira.

Sua estratégia funciona e ele se tornará o próximo presidente americano ao longo das temporadas. No mundo político apresentado na série *House of Cards*, não existem heróis, pois a moralidade e os princípios são sinais de fraqueza para aqueles cujos fins justificam os meios. Para compreendermos que esta será a tônica do programa, na primeira cena do primeiro episódio, Frank mata, com as próprias mãos, um cachorro que foi atropelado e está agonizando, pois acredita ser fundamental que existam pessoas como ele, que façam coisas que as outras não tenham coragem de fazer, mas que são "necessárias" para o alcance dos objetivos.

House of Cards teve sua estreia em 2013 e a conclusão em 2018, totalizando 73 episódios, distribuídos ao longo de seis temporadas. Foi indicada a diversos prêmios, tendo vencido o *Globo de Ouro* de 2015 para Kevin Spacey, que deu vida ao protagonista da série.

O sucesso deste programa está na atuação impecável dos atores, bem como na associação feita pelo público a respeito do ambiente político contemporâneo. Corrupção, traição, sede pelo poder e uma ambição desmedida que colocam os interesses pessoais acima de qualquer tratativa de desenvolver projetos que melhorem a sociedade como um todo.

Por muito tempo, os cristãos abriram mão de participar das áreas de influência da sociedade, por acreditarem que política, entretenimento, educação, finanças, entre outras áreas, pertenciam ao "diabo". Aos poucos este discurso tem mudado, e os cristãos estão buscando contribuir com a sociedade nestas áreas de influência. Existe, porém, uma noção equivocada desta participação, usando o exemplo da política como base.

Não acredito que apenas o fato de ser cristão ou cristã seja suficiente para ocuparmos cargos na administração pública ou na iniciativa privada. Se este for o caso, faltará o principal elemento para que façamos um bom trabalho: competência e capacitação técnica. Qualquer função relevante exige preparo e qualificação, para que seja executada da melhor forma possível. Uma vez preparado ou preparada, o padrão ético e moral exigido pelo cristianismo deveria ser suficiente para que fôssemos vistos como pilares de justiça e legalidade, diante de uma sociedade cansada de escândalos de corrupção e todo tipo de crimes.

Este é meu alerta para você que acompanha este devocional: precisamos alcançar pontos de influência da sociedade, desde que estejamos preparados para isso. Muitos que chegam a ter uma voz que influencia muitas pessoas, sejam elas cristãs ou não, acabam causando, pela falta deste preparo, o efeito contrário ao esperado. A visão que muitas pessoas possuem a respeito do cristianismo está deturpada por causa de pessoas desqualificadas, mas conhecidas como cristãs. Políticos presos por corrupção e até por suspeita de assassinato, entre tantas notícias que vemos todos os dias, trazem, com certeza, um desserviço para o Reino e dificulta o nosso trabalho na pregação do Evangelho, pois geram na sociedade uma resistência à pregação da salvação de Cristo, por causa dos maus exemplos conhecidos.

Por esta razão, precisamos compreender que nossa influência mais efetiva é de "baixo para cima". Precisamos mostrar, a partir de nossas vidas, o amor de Cristo para cada pessoa, família, rua, bairro, cidade, estado, país, continente, até que toda a terra esteja cheia da glória de Deus! Precisamos de homens e mulheres competentes em suas áreas, para que esta influência do Reino possa alcançar a nossa geração. Você está preparado para o desafio?

Curiosidade
A maior audiência da série está na China, sendo que o líder do partido comunista chinês é um grande entusiasta da série.

Dia 25

La Casa de Papel

"Então eu lhes disse: 'Cuidado! Fiquem de sobreaviso contra todo o tipo de ganância; a vida de um homem não consiste na quantidade de seus bens'".
Lucas 12:15

La Casa de Papel, série espanhola produzida para a rede de streaming Netflix, estreou em 2017, tendo sido programada originalmente para ser contada em duas partes, porém, devido ao sucesso, foi expandida para cinco. No momento em que escrevo este texto, temos disponíveis as quatro primeiras partes desta história.

Na trama, um homem conhecido como *Professor* recruta uma equipe para um grande assalto à Casa da Moeda da Espanha. Ele planejou cada detalhe e repassou de maneira exaustiva com seus cúmplices. A impessoalidade era exigida e, por esta razão, ao invés de nomes verdadeiros, cada um dos membros usava nomes de cidades para sua identificação, como Tóquio, Rio, Berlim, Lisboa, Denver, Nairóbi, Oslo, Helsinki, Estocolmo.

O primeiro assalto é bem sucedido e os sobreviventes passam a usufruir do dinheiro roubado em várias partes do mundo. No entanto, Rio vacila e acaba preso, quando entra em contato com Tóquio. Assim, a equipe se reunirá uma vez mais para ousar um assalto ainda maior, desta vez ao Banco Central da Espanha, com o objetivo de resgatar o companheiro preso.

A impressão que tive, ao assistir as partes disponíveis até o momento, é de que, quanto mais mergulham na criminalidade, mais a situação foge do controle da equipe, em especial do Professor, que é o cérebro do grupo. No início, existe um discurso de que há uma causa, um propósito por trás das ações que os movem. Cada um, a partir de suas histórias pessoais, tinha uma "justificativa" plausível para cometer o crime, o que ajudava a aliviar a consciência e provocar nossa empatia pelos personagens. A realidade, porém, muda quando retiramos a roupagem de "Robin Hood", justificando o roubo dos ricos (bancos) para dar aos pobres (eles mesmos). O que resta é um grupo de bandidos com um mentor inteligente, que consegue enganar o sistema para enriquecer com aquilo que não lhes pertence. Este é um excelente mote para a nossa conversa!

Qual é o limite para a nossa ambição? O nosso texto base aponta para o verdadeiro valor de um ser humano, que não tem relação com a quantidade de bens que ele possui. Mas, em nossa sociedade líquida, não é exatamente isso que atribui valor às pessoas?

Tenho pensado muito nisso ultimamente, de maneira especial depois da crise oriunda da pandemia do Corona Vírus, que ceifou centenas de milhares de vidas apenas no Brasil, em um ano. Este exemplo trágico precisa nos levar a compreender o que é realmente importante em nossa vida. A correria atrás do dinheiro e do status que ele traz simplesmente não vale a pena, se perdermos nossa humanidade no processo.

Isso não quer dizer que não devamos buscar uma vida melhor ou melhores condições para nossa família, de maneira nenhuma! Porém, o limite para esta busca deve estar em não ultrapassar os princípios da moralidade, estabelecidos não apenas pelas próprias leis sociais, mas, em especial, pelas Escrituras. Preciso prejudicar alguém para ganhar uma promoção? Não o farei! É necessário cometer algum delito, mesmo que pequeno, para conseguir economizar em meu orçamento? Estou fora!

Não podemos perder nossa essência para ser aquilo que o mundo enxerga como sucesso. Por isso, não permita que a ambição lícita se transforme em ganância! O grande problema deste sentimento é que ele não tem limites. Para o ganancioso, nunca será o suficiente, por isso o fim justifica os meios para seus atos, ao mesmo tempo em que a ingratidão reinará em um coração que não encontra satisfação com o que se possui, projetando esta felicidade para um futuro distante. A Bíblia é bastante severa quando pesquisamos acerca da ganância e devemos nos proteger dela.

Para isto, basta compreender que nossa vida é passageira, portanto, devemos investir nosso tempo em servir nosso próximo, sem esperar algo em troca. Isto com certeza agrada nosso Deus, conforme 1 Pedro 5:2.

Seja firme nos princípios da Palavra e guarde o seu coração da ganância, pois o final desta história, na vida real, sempre será ruim, conforme o autor de Provérbios nos alerta no capítulo 1, versículo 19:

"Tal é o caminho de todos os gananciosos; quem assim procede se destrói."

Curiosidade
A canção italiana antifascista "Bella Ciao" tornou-se um hit de verão em 2018, por tocar várias vezes ao longo da série.

Dia 26

Dark

"O que foi tornará a ser, o que foi feito se fará novamente; não há nada novo debaixo do sol." Eclesiastes 1:9

Dark é a primeira série original alemã produzida para a Netflix. Os produtores, Baran bo Odar e Jantje Friese, apostaram em um roteiro complexo de ficção científica, viagem no tempo e conceitos teóricos de física para contar a história de famílias proeminentes da pequena cidade de Winden. A aposta foi um sucesso, pois, em votação realizada pelo site Rotten Tomatoes, Dark foi escolhida como a melhor série da Netflix pelos internautas. Ela estreou em 2017, com sua conclusão em 2020, tendo, ao todo, três temporadas.

O desaparecimento de uma criança desencadeia uma série de eventos que começam a expor os cidadãos da pacata cidade. Estes segredos envolvem não apenas o presente, mas também o passado e o futuro, a partir de uma caverna nas proximidades de uma usina nuclear. Neste lugar, existe um "buraco de minhoca", uma espécie de portal que permite "saltos" no tempo, tanto para o passado, quanto para o futuro, em intervalos de trinta e três anos.

O que mais me chamou a atenção nesta série é que o tecido do tempo é visto como algo cíclico e não linear, da forma como estamos acostumados. Esta maneira de lidar com o tempo está muito relacionada a culturas politeístas. Os gregos clássicos tinham esta visão de mundo, que fica explícita nos escritos dos principais filósofos clássicos. A vida é uma sucessão de ciclos que se repetem indefinidamente.

Para o cristianismo, a história é linear, pois teve um começo:
"Este é a história das origens dos céus e da terra, no tempo em que foram criados: Quando o Senhor Deus fez a terra e os céus" Gênesis 2:4

Um meio:
"O Filho do homem veio para salvar o que se havia perdido." Mateus 18:11

E terá um fim:
"Pois vejam! Criarei novos céus e nova terra, e as coisas passadas não serão lembradas. Jamais virão à mente!" Isaías 65:17

Embora nossa visão da história seja linear, existem ciclos pessoais que nos aproximam do enredo de Dark, sem toda a complexidade das viagens no tempo e é sobre isso que gostaria de conversar com vocês hoje. Filhos aprendem com os pais padrões que usarão ao longo de suas vidas. Nem sempre estes padrões são bons, e podemos aprender a imitar comportamentos equivocados de nossos pais. Conforme crescemos e amadurecemos, levamos para nossas vidas esses padrões, tanto os maus, quanto os bons. Com esta bagagem inicial, conforme amadurecemos, vamos produzindo nossas próprias escolhas, mas sempre carregaremos traços desta influência inicial.

Alguns ensinam que esta influência das gerações passadas são "maldições hereditárias", através das quais somos punidos pelos pecados de nossos pais, avós, bisavós, enfim, de nossa árvore genealógica. Eu prefiro compreender esta influência como padrões geracionais que nos fazem perpetuar o legado que recebemos. A partir do momento em que tivermos contato com Cristo, temos capacidade de analisar se esta herança familiar é boa e nos edifica, ou se precisamos fazer ajustes e mudar estes padrões, a partir de nossa geração.

Nós somos o resultado das gerações que nos antecederam, como dissemos no texto de *Stranger Things*. Suas ações, princípios e mentalidade nos influenciam, queiramos ou não. Nossa escolha neste dia é abraçar e honrar todos os bons princípios que recebemos, e encerrar os padrões que forem contrários à Palavra de Deus! Podemos transformar, pela fé, padrões geracionais nocivos em padrões santificados que acompanharão as próximas gerações.

Respeite seus antepassados e honre o legado que lhe foi entregue, mas não se esqueça de que, no futuro, você será o antepassado de sua linhagem e suas escolhas hoje influenciarão os seus descendentes amanhã. Use o seu relacionamento com Deus para moldar seu caráter e influenciar as próximas gerações. Afinal, tudo está conectado!

Curiosidade
A cidade de Winden, palco de Dark, é real e existe na Alemanha, possuindo uma densa floresta em suas proximidades. O ano de 1986, em que parte da primeira temporada se passa, é o mesmo do acidente nuclear de Chernobyl, sabiamente escolhido pelos produtores da série.

Dia 27

The Good Place

"Então ele disse: 'Jesus, lembra-te de mim quando entrares no teu Reino'. Jesus lhe respondeu: 'Eu lhe garanto: Hoje você estará comigo no paraíso.'"
Lucas 23:42,43

Eleanor Shellstrop acorda em um local perfeito. Aos poucos, ela descobre que esta será sua vida após a morte, no chamado "Lugar Bom". Neste ambiente de perfeição, todos se comportam muito bem, sendo eternamente bons. O grande problema é que houve um equívoco, e os administradores trocaram as pessoas, colocando Eleanor no Lugar Bom, supostamente por engano, ao invés de alguém com o mesmo nome.

A partir de agora, ela precisa decidir se mantém a farsa ou se conta a verdade, pois não teve uma vida "perfeita" e, por isso, não é merecedora de estar no paraíso. O problema em fazer isso é que ela carimbaria seu passaporte eterno para o "Lugar Mau" ou o equivalente ao Inferno, local destinado para os imperfeitos que viveram vidas desregradas.

É interessante que, conforme convive com as pessoas, ela descobre que não é o único "erro" deste lugar e que existem outras almas deslocadas que se escondem no Lugar Bom. Conforme a história avança, descobrimos muitos segredos e reviravoltas que resultam em uma mudança na administração do paraíso e de um novo propósito para este lugar.

The Good Place é uma série americana, criada por Michael Schur, que estreou em 2016 na rede NBC e, no Brasil, foi transmitido pela rede de streaming Netflix. Com um total de quatro temporadas concluídas em 2020, a série recebeu 76 indicações para prêmios ao longo de sua existência, ganhando onze deles. Um programa de comédia que aborda a vida após a morte, mas que, após uma análise mais profunda, percebemos que aborda a vida da sociedade pós-moderna.

É muito interessante perceber que a visão que a sociedade, de maneira geral, possui a respeito do céu é aquela que mostra pessoas perfeitas, um ambiente muito monótono e sem perspectivas, uma existência eterna e até sem muito sentido. Gosto muito de pesquisar a mudança nas imagens que temos sobre determinados elementos e farei este exercício com você neste dia. Dante Alighieri, em seu livro clássico *A Divina Comédia*, narra sua visita ao Inferno, Purgatório e Paraíso. Escrito no século XIV, seu poema acabou influenciando a imagem sobre estes ambientes que estão em uma esfera sobrenatural. Falando especificamente do Paraíso de Dante, o lugar está disposto em círculos concêntricos, com Deus no centro. À medida que os mortos demonstram virtudes cristãs específicas em vida, eles são alocados em determinados círculos, ficando, portanto, mais próximos ou afastados do Senhor.

A visão bíblica a respeito deste assunto nos leva a compreender que nosso tempo na terra é uma espécie de estágio para a eternidade. A vida é como um sopro, conforme Salmos 144:4. Esta compreensão sobre o que acontece após a nossa morte nos ajuda a fazer nossas escolhas durante a vida. As decisões do dia a dia possuem impacto direto em nossa concepção a respeito da eternidade. Embora não tenhamos muitos detalhes a este respeito, o que realmente importa é que tenhamos consciência de que a Eternidade, a partir da concepção cristã, está diretamente relacionada com a Presença de Deus ou com sua completa separação. Conforme está escrito:

"Eles sofrerão a pena de destruição eterna, a separação da presença do Senhor e da majestade do seu poder." 2 Tessalonicenses 1:9

Neste sentido, precisamos entender que passar a eternidade na Presença de Deus é o maior prêmio que podemos almejar em nossas vidas. Esta revelação deveria pautar nossa vida aqui na terra. Se colocamos nossos olhos neste futuro eterno diante da Presença gloriosa de Deus, nossa vida aqui na terra também será transformada e viveremos muito melhor! Mesmo com lutas, desafios e problemas, teremos a paz que precisamos para continuar no Caminho. Ao obtermos esta informação privilegiada do que acontece depois de nossa morte, não temos o direito de privar aqueles que ainda não a possuem. Conte as boas novas do Evangelho de Cristo a toda a criatura e saqueie o Inferno!

Curiosidade
No Lugar Ruim, as pessoas estão sempre no celular. Uma crítica ao comportamento de nossa sociedade contemporânea? Sim ou com certeza?

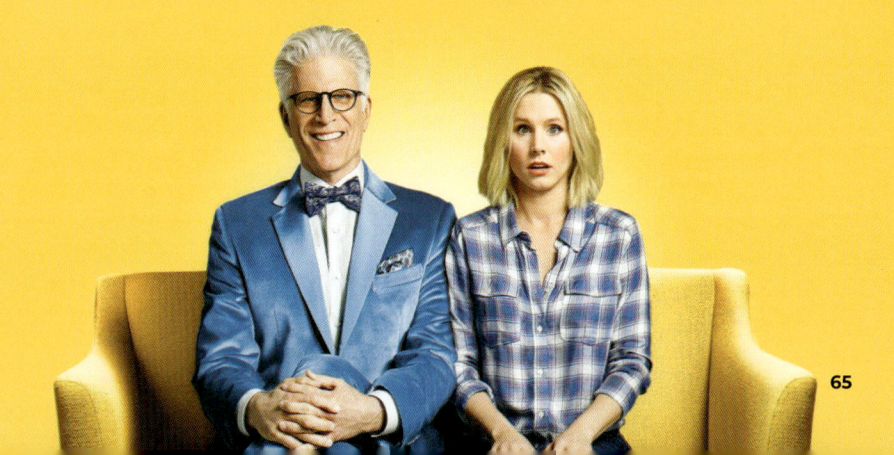

Dia 28

Wandavision

"Sejam praticantes da palavra, e não apenas ouvintes, enganando-se a si mesmos." Tiago 1:22

Wanda Maximoff sofreu perdas sucessivas recentemente. Em primeiro lugar, perdeu seu irmão gêmeo, Pietro, morto durante os eventos de *Vingadores: a Era de Ultron*. Ela se posiciona ao lado do Capitão América nos eventos da Guerra Civil e passará muito tempo na clandestinidade com o Visão, com quem inicia um relacionamento. Em *Guerra Infinita*, passa pelo trauma de matar seu amor para destruir a Joia da Mente, que lhe dava vida, só para ver Thanos voltar no tempo e matar seu amado... uma segunda vez!

Tanto sofrimento e desventura faz com que ela crie, na cidade de Westview, uma realidade alternativa, na qual sua vida seria perfeita. Ela viverá episódios de sitcoms de diferentes décadas da história da TV americana, junto com Visão que, até onde sabemos, está morto. Nesta realidade irreal, Wanda tem controle absoluto sobre o que acontece, inclusive sobre a vida de cada um dos moradores da cidade, que foram repentinamente escalados para participarem desta farsa. Esse cenário "açucarado" de séries inocentes das décadas de 50, 60 e 70 vai, gradativamente, se transformando em algo muito mais sinistro, como um filme de terror. Enquanto isso, do lado de fora, Wanda cria, de fundo, um campo de radiação cósmica em microondas, que impede que as autoridades entrem em Westview.

Wanda foge da dura realidade em que se encontra e passa a viver em uma fantasia criada por sua mente atormentada pelas perdas que sofreu. *Wandavision* é uma série de entretenimento, mas este comportamento é muito semelhante ao comportamento adotado por muitas pessoas reais quando a realidade foge ao seu controle.

O mundo das redes sociais se aproxima muito da ideia de Wanda sobre uma vida ideal: um programa de TV. Ninguém é verdadeiro em suas redes sociais, pois postamos o que queremos que as pessoas saibam a nosso respeito. O grande paradoxo está no fato de que nossas vidas não serão sempre grandes eventos épicos e maravilhosos, pois todos nós precisamos de rotina para desenvolvermos nossas atividades. Problemas, frustrações, derrotas e fracassos fazem parte da vida e do aprendizado rumo ao amadurecimento pessoal e espiritual. Não lidar com isso, tentando fazer de conta que os problemas não existem, procurando escapismo da realidade, pode jogar o problema para debaixo do tapete, mas não o resolve-

Precisamos aprender, pelo menos, duas lições a partir dos episódios de *Wandavision*. A primeira é que a fuga da realidade não resolve, apenas posterga os problemas em nossas vidas. Quanto mais esperamos para encarar nossas frustrações, maiores estes eventos se tornam. Um grande exemplo disso é a questão financeira. Não é comum termos orientação nesta área para aprendermos a gerenciar nosso orçamento familiar. Muitos perdem a conexão com a realidade e continuam gastando sem a menor noção do tamanho de suas dívidas. Conheci algumas pessoas ao longo da caminhada pastoral que simplesmente deixaram de abrir as faturas de cartão de crédito por medo dos valores. Não abrir a fatura para não saber quanto se deve não quita a dívida, apenas faz com que, no próximo mês, juros abusivos sejam cobrados e a conta aumente exponencialmente. Por isso, é fundamental encararmos nossas frustrações e as resolvermos o quanto antes, procurando ajuda especializada, quando for o caso.

A segunda lição está no texto base de hoje. Quando conhecemos a Palavra de Deus e não praticamos o que conhecemos, criamos uma realidade paralela em que seremos hipócritas, pois falaremos de algo que não fazemos. Precisamos tomar muito cuidado para não nos tornarmos religiosos frios e calculistas. O grande problema, nas duas lições, é que estaremos mentindo para nós mesmos e, por esta razão, precisamos nos arrepender e mudar de direção para, então, realinhar nossa vida com a realidade, seja ela qual for.

Curiosidade
Existe, de fato, uma comunidade chamada West View, que fica no condado de Bergen, no estado americano de Nova Jersey.

The Crown

"Disse Jesus: 'O meu Reino não é deste mundo. Se fosse, os meus servos lutariam para impedir que os judeus me prendessem. Mas agora o meu Reino não é daqui." João 18:36

The Crown estreou na Netflix em 2016 com a audaciosa proposta de contar a história do longo reinado da Rainha Elizabeth II, do Reino Unido, ao longo de seis temporadas previstas, em um total de 60 episódios, segundo o criador da série Peter Morgan. Ele também é o autor do filme *The Queen*, de 2006.

O programa foi aclamado pela crítica em categorias técnicas como fotografia, roteiro, direção, atuações, mas, também, pela precisão histórica dos acontecimentos descritos na trama.

A primeira temporada conta a história do casamento da rainha com o Duque de Edimburgo, Philip, em 1947, além dos problemas com o noivado de sua irmã, a Princesa Margaret, em 1955. A segunda temporada abrange o período de 1956 até 1964, tendo como principais eventos a chamada Crise de Suez e o nascimento do príncipe Edward. A terceira temporada continua com a narrativa cronológica da vida e do reinado de Elizabeth, entre 1965 e 1977. A temporada mais recente estreou em 2020 e introduziu duas personagens muito importantes para a história britânica do final do século passado: a Primeira Ministra Margaret Thatcher e Lady Diana Spencer. Existe a previsão de, pelo menos, mais uma temporada para completar esta cronologia até o atual momento da vida da rainha.

A série venceu o *Globo de Ouro* de Melhor Série Dramática e Melhor Atriz em Série Dramática em 2017, repetindo o feito também em 2021, somando também o prêmio de Melhor Ator, entre vários outros.

De que maneira uma série que conta a história de uma das últimas representantes do sistema monárquico resistentes ao tempo e a toda dinâmica dos sistemas políticos contemporâneos, poderia nos ajudar em nosso Devocional de hoje? O Reino de Deus é um dos conceitos mais discutidos e mal compreendidos do cristianismo. Associamos involuntariamente este conceito de "Reino" com nosso senso comum sobre as monarquias medievais, vistas nos filmes, séries e jogos. Precisamos de cuidado para não confundir um pouco as coisas.

O Reino de Deus, conforme o texto base de nossa reflexão diária, não é um reino físico ou um território delimitado por fronteiras como o Reino Unido ou o Brasil. Ele simplesmente não é deste mundo! Vamos ler juntos mais uma referência para nos ajudar a esclarecer este assunto:

"Então Jesus perguntou: 'Com que se parece o Reino de Deus? Com que o compararei? É como um grão de mostarda que um homem semeou em sua horta. Ele cresceu e se tornou uma árvore, e as aves do céu fizeram ninhos em seus ramos."
Lucas 13:18,19

Conhecemos o grão de mostarda pelo seu tamanho, quando comparado a outras sementes. Mesmo sendo muito pequeno, ele tem a capacidade de crescer e se expandir ao ponto de pássaros poderem fazer ninho em seus ramos. Neste sentido, o Reino de Deus deve ser compreendido como uma mentalidade que se instala em todo aquele que aceita a Cristo como Senhor e Salvador. A partir desta pequena fagulha de fé e mudança de comportamento, precisamos espalhar esta semente para que outras pessoas que perambulam solitárias pelos lugares escuros de suas almas, possam também ter a chance de alcançar a salvação. Conforme anunciamos a chegada deste Reino, fazemos com que ele aumente, e, consequentemente, o Evangelho se espalha, alcançando cada vez mais pessoas, até que toda a terra esteja cheia da glória de Deus!

Todo o cidadão deste Reino aprende a "falar" sua linguagem, que são nossas atitudes alinhadas com a Palavra de Deus. Esta é nossa estratégia, muito além de discursos vazios e sem vida, precisamos caminhar por uma transformação pessoal, para que outros possam se achegar a Deus. O que fazemos hoje é fruto do amor misericordioso de Deus, do qual simplesmente não somos merecedores.

Que esta revelação nos leve a reconhecer o caráter do Reino dos céus e a trabalhar em nossa geração para estabelecer a Cultura do Reino em nosso meio!

Curiosidade
A produção da série escala um novo time de atores a cada duas temporadas para manter a coerência cronológica proposta para The Crown.

Dia 30

Supernatural

"Depois de Jesus ter entrado em casa, seus discípulos lhe perguntaram em particular: 'Por que não conseguimos expulsá-lo?' Ele respondeu: 'Essa espécie só sai pela oração e pelo jejum'". Marcos 9:28,29

A família Winchester passou por um grande trauma quando Mary morreu em um incêndio, causado por circunstâncias misteriosas. Após este incidente, seu marido John passa a viver em busca de vingança pelos Estados Unidos. Ele leva consigo seus filhos em uma cruzada contra as forças do mal, que os torna caçadores de toda a sorte de monstros e criaturas sobrenaturais.

Anos mais tarde, Sam decide cursar a faculdade, enquanto Dean continua com seu pai na tentativa de descobrir o responsável pela morte de sua mãe. John desaparece no meio desta jornada e Dean precisa pedir a ajuda de seu irmão para juntos encontrarem seu pai, e os responsáveis pelo seu desaparecimento. Desta forma, se inicia a história dos irmãos Winchester, que se tornarão conhecidos, tanto no céu quanto no inferno, por anjos, demônios, fantasmas e monstros de todos os tipos.

A série *Supernatural* estreou em 2005, sendo concluída em 2020, com um total de quinze temporadas. Após o sucesso da primeira temporada, ela foi renovada para três e depois para cinco. Porém, o apelo do público estendeu a história por quinze anos, dividindo a opinião dos fãs em relação ao seu final trágico: uns amaram e outros detestaram a conclusão da saga.

Os protagonistas são semelhantes a cowboys que, ao invés de cavalos, tinham um *Chevy Impala 1967* e, ao invés de bandidos e ladrões, enfrentavam lobisomens, troca-peles, fantasmas, demônios e outros monstros. Esta foi a ideia do criador da série, Eric Kripke, ao incluir o carro que se transformou em um sinônimo da série ao redor do mundo.

Uma série que trata do sobrenatural pode nos ajudar a compreender melhor o texto base de hoje. Nele, os discípulos estão questionando Jesus a respeito da razão pela qual eles não foram capazes de expulsar um demônio. A resposta foi bastante clara, mas, ainda hoje, dois mil anos depois, ainda gera confusão entre seus leitores. Uma interpretação equivocada sobre o jejum pode nos levar a pensar que, ao jejuarmos, nos transformamos em "super crentes" que possuem poderes especiais, maiores que os demais cristãos. O grande detalhe é que o jejum não faz nenhum de nós mais espirituais pelo simples ato de jejuar, pois isso seria religiosidade vazia. E, por sinal, condenada pelo Mestre com relação aos religiosos que jejuavam para mostrar aos outros o que estavam fazendo:

> *"Quando jejuarem, não mostrem uma aparência triste como os hipócritas, pois eles mudam a aparência do rosto, a fim de que os homens vejam que eles estão jejuando." Mateus 6:16a*

A questão central não está no ato de orar e jejuar, mas sim na razão pela qual fazemos isso. Note que, em Mateus 6:16, Jesus diz "Quando jejuarem" e não "Se um dia decidirem jejuar". Para Ele, orar e jejuar são elementos tão elementares de um relacionamento com Deus quanto o ar que respiramos. Neste sentido, cristãos maduros que levam seu cristianismo a sério, oram e jejuam com regularidade, enquanto aqueles que levam sua fé na base da brincadeira, simplesmente não levam a sério as disciplinas espirituais. Perceba que estas duas práticas são sinais externos de uma condição interna, que revela algo muito mais poderoso para nossas vidas: a fé. Vejamos um segundo texto bíblico a este respeito:

> *"Então os discípulos aproximaram-se de Jesus em particular e perguntaram: 'Por que não conseguimos expulsá-lo?' Ele respondeu: 'Por que a fé que vocês têm é pequena..." Mateus 17:19,20a*

O perigo está em nos apoiarmos apenas em elementos que possam ser vistos pelos outros. Mostrar para o mundo que você ora e jejua significa que você não compreendeu para quem você ora e para quem jejua. A sua fé será demonstrada na prática, a partir de como você decide gastar o tempo que você tem. E isto, sim, tem poder para vencer as grandes batalhas espirituais contra os demônios e, principalmente, contra você mesmo!

Curiosidade
O sobrenome dos protagonistas de Supernatural é uma homenagem à casa Winchester, mansão com fama de ser assombrada. Ela seria a residência de Sarah Winchester, esposa do industrial das armas Willian Wirt Winchester.

Dia 31

Doctor Who

"Então os justos lhe responderão: 'Senhor, quando te vimos com fome e te demos de comer, ou com sede e te demos de beber? Quando te vimos como estrangeiro e te acolhemos, ou necessitado de roupas e te vestimos? Quando te vimos como enfermo ou preso e fomos te visitar?' O Rei responderá: "Digo-lhes a verdade: o que vocês fizeram a algum dos meus menores irmãos, a mim o fizeram". Mateus 25:37-40

Doctor Who é uma série britânica que ganhou inúmeros prêmios, mas gostaria de destacar duas menções que estão no *Guinnes Book*: série de ficção científica televisiva mais longa e com maior duração do mundo e série de ficção científica mais bem sucedida de todos os tempos. Talvez você que me acompanha nesta jornada não a conheça, mas ela é fundamental e não poderia ficar de fora de nossa lista.

O primeiro trunfo da série está no fato de que ela estreou em 1963! Com transmissão regular até 1989, foi retomada posteriormente em 2005. Ela conta a história e as aventuras do Doutor que é um alienígena do planeta Gallifrey, conhecido como Senhor do Tempo. Esta raça é assim chamada por possuir um grande domínio da tecnologia da viagem no tempo e, por isso, tem uma percepção não linear do mesmo. O Doutor usa em suas viagens uma máquina chamada T.A.R.D.I.S, que é um acrônimo para *Time And Relative Dimension In Space*. Ela possui a aparência de uma cabine da polícia londrina da década de 60. Em suas missões, ele salva civilizações inteiras da catástrofe, indivíduos comuns e corrige problemas temporais de todos os tipos.

Uma série que iniciou há quase sessenta anos precisa de uma boa explicação para a troca constante do personagem principal, pois seria impossível manter o mesmo ator interpretando o Doutor indefinidamente. Pensando nisso, os produtores criaram o processo chamado de Regeneração. Todo Senhor do Tempo, quando sofre um ferimento grave ou quando quiser, desde que treinado para isso, libera um hormônio que dá início ao processo de regeneração de suas células. A resultante deste processo muda as características físicas e emocionais, como se a resultante fosse uma pessoa totalmente nova, que mantém as mesmas memórias de seu predecessor. O processo é doloroso e causa efeitos colaterais como amnésia e confusão mental.

A pergunta de hoje é: o que uma série fundamental para todo e qualquer nerd do planeta pode nos ensinar? Quero aproveitar o processo da regeneração do Doutor para conversar um pouco a respeito da imagem de Cristo. O Seu ministério terreno durou trinta e três anos e ainda permanece, após sua ressurreição, entre aqueles que se reúnem em Seu nome, conforme Mateus 18:20:

"Pois onde se reunirem dois ou três em meu nome, ali estou no meio deles."

A Sua Presença orienta a Igreja e dá a direção para que possamos caminhar diante dos desafios de cada geração, com a certeza de que Ele é o verdadeiro Senhor do Tempo, conforme Hebreus 13:8:

"Jesus Cristo é o mesmo, ontem, hoje e para sempre."

Saber que Ele está presente em nossos cultos e reuniões é fantástico! Mas, e se pudéssemos vê-lo com nossos olhos e abraçá-lo com nossos braços? Impossível? Será mesmo? O texto base de hoje encerra um capítulo muito importante do Evangelho de Mateus. Jesus conta parábolas sobre como seus seguidores deveriam se preparar para Sua volta.

A partir do que lemos, é possível servirmos a Cristo na prática, quando servimos aqueles que são muito caros a Deus nas Escrituras. Os grupos mais vulneráveis diante da sociedade são aqueles pelos quais Deus possui um grande apreço. Temos várias referências sobre o cuidado com o "órfão, a viúva e o estrangeiro". Neste sentido, o que fizermos para o nosso próximo, em especial para aqueles que não podem oferecer nada em troca, estaremos fazendo para o próprio Cristo!

Muitos rostos diferentes, mas apenas uma essência. Como o Doutor que já foi interpretado por vários atores, cada vez que servirmos os que necessitam, estamos encontrando a essência do único e verdadeiro Senhor do Tempo: Jesus Cristo. Já pensou em como trazer esta revelação à existência?

Curiosidade
Dos 253 episódios da série produzidas na década de 1960, cerca de 106 deles foram destruídos dos arquivos da BBC, por acreditarem que estas fitas não teriam valor no futuro.

Dia 32

Os Simpsons

"Filhos, obedeçam a seus pais no Senhor, pois isso é justo. 'Honra teu pai e tua mãe', este é o primeiro mandamento com promessa: 'para que tudo te corra bem e tenhas longa vida sobre a terra'. Pais, não irritem seus filhos; antes criem-nos segundo a instrução e o conselho do Senhor." Efésios 6:1-4

Homer, Marjorie, Bartholomew, Elisabeth e Margareth Simpson são os membros de uma família que representa o estereótipo familiar do subúrbio no interior dos Estados Unidos. Não podemos dizer que esta é uma família padrão ou um exemplo que deva ser seguido nas categorias casamento e criação de filhos. Homer trabalha em uma usina nuclear e quase causa algumas catástrofes por descuido ou falta de atenção. Ele não é um pai muito presente, delegando para sua esposa grande parte das responsabilidades da casa e da criação dos filhos.

Marge, uma dona de casa típica que vive em função das atividades domésticas, mãe e esposa dedicada, extremamente paciente com as confusões que seu esposo e seus filhos, em especial Bart, realizam diariamente.

Bart é o primogênito rebelde da família, com tendência à desobediência e entrar em grandes confusões que seus pais precisam socorrer periodicamente. Já Lisa é a filha do meio, que aparenta ser uma estranha no ninho. A sua fala e seus interesses não são os mesmos do restante da família. Por esta razão, em diversas ocasiões, ela acaba sofrendo sozinha por se sentir diferente.

Maggie, que ainda é um bebê, passa todo o tempo com sua mãe e tem alguns rompantes de inteligência que não correspondem à sua idade.

Os *Simpsons* é uma série de animação no estilo sitcom criada por Matt Groening. Ela aborda, de maneira satírica, o estilo de vida da classe média americana, a partir da família protagonista. O seriado bateu diversos recordes desde sua estreia, em 1989, e ganhou muitos prêmios ao longo de suas 32 temporadas até o momento em que escrevo este livro. É interessante perceber que, depois dos Simpsons, várias outras animações que visam alcançar o público adulto surgiram nas últimas décadas.

Sempre que assisto esta animação, vejo um reflexo da sociedade pós-moderna, onde somos levados a celebrar um pai relapso, uma mãe superprotetora que cria os filhos para tornarem-se adultos imaturos pela falta de confronto, um filho rebelde que não respeita seus pais... Mesmo sendo um estereótipo, muitas famílias se aproximam do que eu costumo chamar "padrão Simpson", em que o casal simplesmente desiste de tentar mudar a realidade no ambiente familiar. E o reflexo disto pode ser visto no comportamento dos filhos.

Qual é o seu papel no contexto de sua família? Gostaria de falar com cada um de vocês neste momento, de maneira individual, pois precisamos compreender que talvez não sejamos tão bons quanto achamos que somos.

Se você é o esposo: Como você tem tratado sua esposa? Delega a ela todo o trabalho doméstico só porque você trabalha fora e ela não? Não se esqueça de que, segundo o texto de Efésios 5:28-30, você é o provedor da casa e isso não diz respeito apenas a recursos financeiros, já que é bastante provável que ambos trabalhem fora para compor a renda familiar. Ajude em casa, alivie o fardo de sua esposa para que ela não se sinta sobrecarregada. Além disso, demonstre seu amor por ela, não apenas com palavras, mas com atitudes.

Se você é a esposa: Deus diz que corrige a quem ele ama (Hebreus 12:6). Se vocês têm filhos, eles devem ouvir sonoros "nãos" ao longo da vida com os pais. Se vocês não fizerem isso, a sociedade e a vida o farão, sem o amor que você tem por eles. Trabalho com jovens há mais de dez anos e acompanho bem de perto os resultados da falta de critério na criação desta geração, por meio do retardo da maturidade, dificuldade em ouvir críticas e até incapacidade de esperar pelos processos de Deus.

Se você é o filho ou a filha: Leia mais uma vez o texto base e reflita se você tem de fato honrado todo o esforço que os seus pais têm feito para oferecer a você o melhor possível. O nosso problema está em tentar comparar nossa jornada com a de outra pessoa. Não faça isso! Deus tem algo especial para cada um de Seus Filhos. E tudo existe com um propósito. O tempo de mudar nossas atitudes chama-se *presente!*

Curiosidade
A cor amarela dos personagens tem a função, segundo o criador da série, de chamar a atenção das pessoas quando mudassem de canal.

Dia 33

Black Mirror

"Tudo me é permitido', mas nem tudo me convém. 'Tudo me é permitido', mas eu não deixarei que nada domine." 1 Coríntios 6:12

Black Mirror, foi criada por Charlie Brooker e é uma série diferente daquelas tratadas até o momento em nosso devocional. A intenção dos produtores é abordar um tema único, por diferentes abordagens. Neste sentido, os episódios não são sequenciais, mas histórias completas. Ela trata do lado obscuro de nossa relação conturbada com a tecnologia. As tramas, de maneira geral, se passam em um futuro próximo ou em realidades paralelas, mesmo tendo a impressão de que muito já é vivido pela humanidade pós-moderna.

Sobre a estrutura dos episódios, cada um tem elenco, cenários, locações distintas, mas perseguem um mesmo objetivo: tratar a maneira como vivemos e como lidamos com a chamada "Revolução Digital". Os diretores do programa geralmente pensam em como tudo isso pode dar errado mostrando os desastres morais que podem estar nos aguardando muito em breve.

O título da série, "Espelho negro", traz uma referência à tela dos aparelhos que usamos: TV's, Computadores, Notebooks, Tablets e Smartphones. Pare por um instante e conte quantos "espelhos" destes estão disponíveis em sua casa? Esta é uma realidade muito preocupante em nossos dias. Estudos recentes mostram que o vício pela tecnologia pode ser tão danoso quanto o uso de drogas como a cocaína, além de causar diminuição da massa cerebral. Na Bibliografia deste livro, deixarei o link das matérias e documentários que você pode assistir para testificar esta argumentação. Uma das matérias utilizadas para a escrita deste texto tem em sua linha fina ou subtítulo o seguinte: "Eles não dormem e comem fora de hora. Deixam de tomar banho. Um em cada cinco espanhóis entre 10 e 25 anos sofre de transtornos comportamentais devido à tecnologia. Por trás do vício se escondem, na maioria dos casos, carências pessoais ou problemas de autoestima."

Temos uma posição muito bem estabelecida com relação a determinados vícios como o cigarro, as bebidas, as drogas e a pornografia, por exemplo. Entretanto, ainda não enxergamos como algo prejudicial o abuso no uso da tecnologia, compreendida com o tempo que se gasta usando redes sociais, acompanhando atualizações em tempo real, com jogos eletrônicos, assistindo séries em redes de streaming, entre outros. Existem muitas distrações em nossa sociedade e precisamos estar atentos a elas. Note que, a partir deste ponto de vista, já ultrapassamos a fronteira da distração consciente para o vício que revela algo muito mais grave. Em nossos dias, muitas pessoas estão se escondendo atrás de jogos, amigos virtuais, ou sessões de maratona de séries e filmes, por não saberem o que fazer com o tempo que possuem. Quando a realidade é assustadora, devido à solidão, ao sentimento de fracasso, ou à dificuldade com a própria imagem, é muito mais fácil se esconder atrás de uma tela qualquer.

Precisamos constantemente de uma autoanálise com relação ao uso de nosso tempo. Apenas mensurando como gastamos as 24 horas a que temos direito todos os dias, podemos ter certeza se nossa vida possui equilíbrio entre as atividades, tarefas e lazer. A nossa tendência natural é para com o desequilíbrio, por isso é fundamental separarmos um tempo periodicamente para realizar esta reflexão.

Todo vício começa com uma escolha pessoal que traz uma satisfação momentânea, substituída em seguida por sentimento de culpa. Para acabar com ela, é necessário aumentar a dose para ter a mesma satisfação anterior. Não à toa que o nosso texto base fala sobre domínio próprio.

A salvação de Cristo nos concede liberdade de vida, conforme Paulo nos ensina em Gálatas 5:1, e, por esta razão, não faz muito sentido, de maneira voluntária, nos entregarmos, novamente, ao jugo da escravidão dos vícios. Logo, procure ajuda quando as coisas saírem do controle. Converse com seu líder, orem juntos, e procure viver uma vida equilibrada. Considere, periodicamente, permanecer ausente de suas redes sociais e descubra que você continua vivo se não ler todas as notificações assim que elas surgirem! Invista este tempo extra em seu relacionamento com Deus e organize sua vida.

Curiosidade
A série foi muito bem recebida na China e se tornou muito popular no país, sendo um dos programas mais discutidos em 2012.

Dia 34

13 Reasons Why

"A tristeza tomou conta de mim; o meu coração desfalece." Jeremias 8:18

13 Reasons Why é uma série baseada no livro de mesmo nome, escrito por Jay Asher e adaptado para a Netflix por Brian Yorkey. O enredo começa com o estudante Clay Jensen recebendo uma caixa de fitas cassete enviadas por Hannah Baker, duas semanas após o seu suicídio. As fitas, uma espécie de diário em áudio, contam as razões que levaram a estudante adolescente a tirar a própria vida. Assim, acompanhamos as explicações da protagonista que culminaram neste ato extremo. Cada uma das fitas tem um destinatário, pois as treze razões dizem respeito à maneira como cada uma delas tratou Hannah. Cada um dos envolvidos precisa ouvir todas as fitas e encaminhar a caixa para a próxima pessoa da lista. No caso de quebra da regra estabelecida por Hannah, outra caixa com cópias das fitas viria a público, expondo todos os abusos cometidos contra ela.

A série foi lançada em 2017 e renovada até a sua quarta temporada, sendo encerrada em 2020. O programa dividiu a crítica: um grupo achou a temática pertinente, com ótimas atuações do elenco e dos protagonistas; e o outro grupo entendeu que os assuntos abordados como estupro, assédio, tortura e o próprio suicídio, seriam assuntos complexos demais para serem tratados em uma série com classificação etária de 16 anos. Embora o programa não faça apologia ou romantize o suicídio, acaba, sim, oferecendo gatilhos que podem causar problemas para pessoas psicologicamente abaladas. E, mesmo discutindo o tema, não oferece saídas ou respostas para o problema.

Este é um assunto muito sério e pouco discutido em nosso país, e menos ainda em nossas igrejas. Estudos apontam que, na última década, o índice de suicídio diminuiu em 17 por cento em todo o mundo. Porém, entre adolescentes no Brasil, o índice subiu 24% em relação ao período anterior. O que pode explicar este aumento, no mesmo período histórico em que nossos adolescentes estão mais conectados do que jamais estiveram? Possuir milhares de amigos virtuais deveria acabar com a solidão, certo? Errado! Nunca estivemos tão solitários, pois estamos perdidos em meio a uma multidão de pessoas que querem falar e, quase nunca, ouvir. A proteção deste "espelho negro", para reutilizar o conceito do devocional passado, criou uma sensação de anonimato para muitas pessoas. Por isso, o *bullying* foi catapultado a um novo patamar por meio do *cyberbullying*. A geração que nasceu no mundo dos smartphones possui uma noção deturpada entre as fronteiras entre o real e o virtual. Por esta razão, comentários negativos tão destrutivos são ditos com a maior naturalidade. Converso com jovens cristãos sinceros que, por causa de circunstâncias diversas, apresentam quadros de depressão e ansiedade agudos. Este quadro, senão for tratado a tempo, pode levar esta pessoa ao desejo de tirar a própria vida.

O primeiro ponto para relacionar este assunto com o texto bíblico proposto é compreender que homens de Deus passaram por momentos de "tristeza profunda", que poderiam ser considerado o equivalente à depressão contemporânea. Por exemplo:

"As cordas da morte me envolveram, as angústias do Sheol vieram sobre mim; aflição e tristeza me dominaram." Salmos 116:3

"Disse-lhes então: 'A minha alma está profundamente triste, numa tristeza mortal. Fiquem aqui e vigiem comigo.'" Mateus 26:38.

Estar triste não faz de você menor do que ninguém. Afinal, ainda somos humanos! O grande problema é normalizar a tristeza e passar a conviver com ela de maneira constante, achando que é algo comum. **Não é!** Você precisa procurar ajuda para mudar esta realidade.

O segundo ponto é compreender que suicídio **não** é uma opção viável, pois a Bíblia condena fortemente o assassinato, mesmo que este crime seja cometido contra si mesmo. Leia sobre o assunto nos textos bíblicos de Salmos 5:6, Salmos 59:2 e 1 João 3:15. Sempre existe uma escolha! Que você possa receber este ensinamento, se estiver passando por isso, ou então ajudar alguém que conheça. A Palavra de Deus nos concede centenas de razões para prosseguir!

Curiosidade
Cada episódio da série levou em média nove dias para ser gravado! Alguns atores precisavam de terapia com cachorros durante as filmagens, devido ao conteúdo pesado das cenas e do roteiro.

Dia 35

Grey's Anatomy

"Jesus ia passando por todas as cidades e povoados, ensinando nas sinagogas, pregando as boas novas do Reino e curando todas as enfermidades e doenças." Mateus 9:35

Conhecer a rotina de pacientes, estudantes residentes de medicina, médicos e cirurgiões em um hospital não é, definitivamente, uma fórmula nova, mas, com certeza, faz muito sucesso, pelo volume de séries com esta temática ao longo dos últimos anos. A grande diferença desta série para as demais está no centro dos acontecimentos girar em torno da médica Meredith Grey, bem como de seus dilemas profissionais e pessoais.

Idealizada e produzida por Shonda Rhimes, que é uma das grandes produtoras de séries da atualidade, também responsável por títulos de sucesso como *How to get away with murder* e *Scandal*. O nome da série é uma referência a um famoso livro de anatomia humana chamado "Gray's Anatomy", escrito por Henry Gray.

Este é um dos dramas de maior audiência nos Estados Unidos, figurando constantemente entre os 10 melhores no ranking de audiência, muito bem recebido pela crítica especializada, tendo recebido várias indicações e prêmios, como o *Globo de Ouro* de melhor série dramática em 2006. Grey's Anatomy estreou em 2005 e a produção conta em 2021 com dezessete temporadas, sendo a série de drama médico mais longa da história.

O dia a dia do hospital fictício *Memorial Grey Sloan*, bem como o desenvolvimento profissional de residentes, cirurgiões, pacientes e familiares é apresentado em todos os episódios, geralmente narrado pela protagonista ou outro ator regular na produção. Os desafios em lidar com a vida e com a morte diariamente é um dos pontos altos da trama. Nas temporadas 16 e 17, o assunto central foi a pandemia da COVID-19, mostrando o trabalho e a exaustão da equipe na 16ª temporada e as consequências da doença para pacientes e médicos, na temporada 17.

Neste sentido, gostaria de falar a respeito da cura divina e de como ela se conecta com o trabalho da medicina tradicional, em um período tão desafiador. Por formação teológica, convicção pessoal e testemunha ocular de diversas curas divinas nestes anos todos de cristianismo, sou um pastor continuísta, pois creio que os dons espirituais descritos no Novo Testamento estão plena ação ao longo da história da igreja e continuam em nossos dias.

Referências bíblicas não faltam para corroborar este conceito como, por exemplo, o famoso texto de Efésios 4:11-13, entre muitos outros que os limites deste devocional não me permitem explorar. Por esta razão, devemos orar pela cura de nossos familiares, irmãos em Cristo, pessoas em geral e também por nós mesmos.

Jesus orou e curou todos os enfermos que chegaram até Ele, durante Seu ministério terreno. Por esta razão, nós que somos os seus seguidores e discípulos, devemos fazer o mesmo que Ele fez. Ao longo de nossa caminhada, encontraremos muitos enfermos, seja em nossas igrejas ou nas ruas de nossas cidades. Devemos, com ousadia, orar para que sejam curados em nome de Jesus, como Pedro e João, quando encontraram um paralítico nas proximidades do templo de Jerusalém, no século I:

"Disse Pedro: 'Não tenho prata nem ouro, mas o que tenho, isto lhe dou. Em nome de Jesus Cristo, o Nazareno, ande'. Segurando-o pela mão direita, ajudou-o a levantar-se, e imediatamente os pés e os tornozelos do homem ficaram firmes." Atos 3:6-7.

A cura divina edifica a fé da igreja, sendo um encontro sobrenatural que abre caminho para a salvação de pessoas até então incrédulas e, principalmente, uma das maiores oportunidades de demonstrar o amor e a misericórdia de Deus.

A nossa missão é orar com fé por todas as pessoas, independentemente de qualquer fator. Nem todas serão curadas, por diversas razões. Mas, mesmo que não saiam curadas durante uma única oração, todas as pessoas que nos procurarem devem sentir-se amadas por Deus e pela igreja de Jesus na terra.

Curiosidade
Todos os episódios são nomes de músicas, com exceção do episódio de nome 1-800-799-7233, que é o número americano para denúncia de violência doméstica.

Dia 36

Plantão Médico E.R.

"Jesus lhe respondeu: 'Também está escrito: 'Não ponha à prova o Senhor, o seu Deus'". Mateus 4:7

    E.R. (Emergency Room), traduzido como "Plantão Médico" no Brasil, foi uma das séries mais conhecidas sobre o contexto médico de todos os tempos. Estreando e encerrando em 1994 e 2009, respectivamente, com um total de 15 temporadas, foi um marco histórico para a produção do gênero. Um rápido levantamento mostra que, entre 1950 e 1999, foram produzidas aproximadamente 10 séries com a temática médica, ao longo de meio século de TV. Entre 2000 e 2021, este número subiu para mais de 60 produções, o que é um aumento exponencial.

    A mente por trás da série foi Michael Crichton que, além de escritor, também é um médico. O seriado contou com nomes gabaritados, como o de Steven Spielberg na equipe de produção da primeira temporada, e como consultor da equipe nas temporadas seguintes. Adicionalmente, este programa trouxe notoriedade para George Clooney, que atuou entre 1994 e 1999, como o médico Doug Ross.

    E.R. retrata o cotidiano de uma equipe médica que trabalha em uma Sala de Emergência no hospital fictício *County General Hospital*, localizado na cidade de Chicago, Illinois. Um programa tão longo permitiu à produção inovar em episódios que se tornaram icônicos para os fãs da série, como em 1997, quando a equipe atuou ao vivo no episódio chamado "Ambush". O mais interessante sobre ele é que, devido ao fuso horário dos Estados Unidos, o programa foi ao ar mais uma vez, três horas depois, com toda a equipe refazendo a atuação.

    Gostaria de complementar o assunto do devocional de ontem abordando o outro lado da moeda que envolve o tema da cura divina: o fatalismo evangélico. A pandemia do Corona Vírus trouxe à tona um discurso que sempre existiu, mas, na verdade, acabou potencializado num contexto agudo como este. Ao longo deste período, ouvi muitos irmãos e irmãs em Cristo dizendo que não seria preciso se cuidar e adotar medidas de segurança, propostas pelos órgãos de saúde, porque Deus cuida dos seus filhos e, em última instância, se tiver que morrer, não tem como impedir. Este é um pensamento que chamamos de "fatalista". O conceito surgiu na filosofia greco-romana e tem sua

ER

base na ideia de que os acontecimentos cotidianos obedecem a uma ordem que não pode ser alterada. Resumindo, o fatalismo considera que o que tiver que ser, será.

O texto base de hoje é um trecho da tentação de Jesus no deserto, em que Satanás distorce porções das Escrituras, buscando vencer a Cristo, usando os textos sagrados fora de seu contexto original. Quando adotamos um comportamento fatalista, na área médica ou em qualquer outra, fazemos o mesmo que Satanás e distorcemos a Palavra de Deus. O milagre em nossas vidas pode vir de diferentes maneiras, seja com a cura pela oração dos irmãos, como descrito em Tiago 5:14, seja pelas mãos dos médicos, ou, ainda pelos medicamentos propostos pela ciência. Quem concede habilidade e destreza aos profissionais da saúde e conhecimento técnico para que remédios eficazes sejam produzidos é o mesmo Deus que age a partir da oração.

Neste sentido, negar a medicina é semelhante a tentar a Deus, e Jesus condenou esta prática com veemência. Como cristãos, é nosso dever orar incansavelmente pela cura dos enfermos, ao mesmo tempo em que fazemos tudo o que pudermos para obedecer às orientações médicas de profissionais capacitados que estejam ao lado da ciência. Deixar de tomar remédios, depois de uma oração por cura, antes de refazer exames que comprovem o milagre, não é sinal de fé, mas de imaturidade que pode levar a graves consequências para a pessoa, bem como para sua família.

Fé e ciência não são concorrentes! Se existe um tratamento disponível e possível para determinada enfermidade, vamos procurar ajuda especializada, ao mesmo tempo em que levantamos um clamor constante pela vida da pessoa enferma. Quando fazemos isso, damos um testemunho racional para a sociedade ao nosso redor e isso é fundamental em nossa missão de ser uma igreja relevante em nosso tempo.

Curiosidade
Plantão Médico, originalmente, era para ser um filme dirigido por Steven Spielberg. Quando deu início ao projeto, Michael Crichton percebeu que o roteiro seria melhor aproveitado em uma série de TV. Então, ele ofereceu outro projeto de sua autoria para Spielberg, que aceitou de imediato: Jurassic Park!

Dia 37

This Is Us

"Seja a atitude de vocês a mesma de Cristo Jesus, que, embora sendo Deus, não considerou que o ser igual a Deus era algo que devia apegar-se; mas esvaziou-se a si mesmo, tornando-se semelhante aos homens."
Filipenses 2:5-7

This is Us é uma daquelas séries em que é praticamente impossível não se emocionar em algum ou em todos os momentos da trama. Uma história simples, sem explosões, efeitos visuais mirabolantes, alienígenas, terroristas ou superpoderes. Apenas a trajetória de uma família, seus desencontros, fracassos, acertos e desafios ao longo da vida. Uma das melhores séries que assisti nos últimos anos, justamente por fugir dos clichês que estamos acostumados a ver em grandes produções. Ao assisti-la, pude perceber que o fator que transforma uma série em algo memorável não é a roupagem externa, mas sim o seu enredo.

Ela conta a história da família Pearson, a partir da gravidez de Rebecca, que está esperando trigêmeos. Durante o parto, uma das crianças não sobrevive. Jack, o pai, decide não sair do hospital sem três filhos, e adota um recém-nascido que foi abandonado pelo pai no mesmo dia. Assim começa a história de Kate, Kevin e Randall. Por meio do recurso de flashbacks, conhecemos detalhes sobre como os pais se conheceram, sobre a infância dos irmãos, sobre o pai biológico de Randall, sobre a morte de Jack e como isso impactou a vida dos filhos adolescentes e de sua mãe. Como a linha do tempo da série acontece durante a vida adulta dos três irmãos, são necessárias essas viagens às memórias dos personagens para descobrirmos o que aconteceu e como os traumas foram ou não foram superados por eles.

A primeira temporada estreou em 2016 pela emissora NBC. Em 2021, estreou a quinta temporada de seis previstas no total. Ela bateu recordes de visualizações antes mesmo de sua estreia, apenas com os trailers da primeira temporada. Em 2017, a série teve 11 indicações ao *Emmy Awards*, levando dois prêmios: o de melhor ator convidado em série de drama e o de melhor ator de série de drama para Sterling K. Brown, que interpreta o irmão adotado, Randall Pearson. A série é altamente recomendada para assistir sobre dramas familiares e o impacto da vida dos pais nos filhos e vice-versa. Prepare a caixa de lenços!

Quero aproveitar esta grata surpresa de uma série simples, sem muitos recursos que se tornaram comuns em nossos dias, para falar sobre um fenômeno presente na geração das redes sociais: a espetacularização da sociedade.

Tudo em nosso meio é feito para oferecer as melhores experiências... tudo precisa ser épico... magnífico... imponente! As redes sociais moldam este tipo de comportamento, pois ninguém está triste nas fotos do Instagram, todos estão em lugares especiais, com pessoas legais ao redor. Tristeza, cotidiano e rotina passam longe da esmagadora maioria dos perfis conhecidos de subcelebridades.

O grande problema desta visão de mundo é que a nossa vida não é feita apenas de momentos épicos! Todas as pessoas têm momentos simples e comuns, mas corremos o grande risco de perder estes detalhes na busca desenfreada pelas grandes conquistas e realizações. Quando olhamos apenas para a possibilidade de um futuro distante, deixamos de prestar atenção nas pequenas porções de felicidade que Deus nos oferece gentilmente a cada nova manhã.

Como igreja, precisamos tomar muito cuidado para não cairmos na armadilha da espetacularização. Na busca por grandes experiências espirituais, congressos e conferências, podemos perder as bênçãos das disciplinas espirituais básicas e necessárias para um cristianismo vitorioso.

Na vida espiritual, você só alcança as grandes experiências se tiver investido tempo no que é elementar, produzido pelo hábito. Se orarmos ou lermos a nossa Bíblia apenas aos domingos, durante os cultos, não teremos sustentação espiritual para receber mais de Deus. Não à toa, o amor só pode ser demonstrado por meio de atitudes. Palavras são bonitas, mas se não vierem acompanhadas de ações, de nada valerão.

Nesta sociedade épica, buscar a simplicidade do evangelho é um ato de coragem. Estamos em excelente companhia, quando percebemos que o Filho de Deus veio ao mundo como filho de um simples carpinteiro, ao invés de ser o filho do rei que habitava no palácio. A simplicidade tem o poder de transformar o mundo. Uma pessoa de cada vez!

Curiosidade
Mandy Moore é a atriz mais jovem do elenco regular, mesmo interpretando a mãe dos irmãos já adultos. A maquiagem da atriz para aparentar ser mais velha leva três horas e meia para ficar pronta.

THIS IS US

Dia 38

Greenleaf

"Nem todo aquele que me diz: 'Senhor, Senhor', entrará no Reino dos céus, mas apenas aquele que faz a vontade de meu Pai que está nos céus."
Mateus 7:21

A *Calvary Fellowship World Ministries* é uma grande igreja na cidade de Memphis, conduzida pelo Bispo *James Greenleaf* e sua esposa *Lady Mae*. O casal tem quatro filhos: *Charity* (Caridade), *Faith* (Fé), *Grace* (Graça) e *Jacob*, o filho mais velho. *Faith* morre misteriosamente, *Grace* retorna ao convívio da família após muito tempo, reacendendo mágoas e problemas antigos.

Os *Greenleaf* ergueram um verdadeiro império da fé, com muitos negócios envolvidos no entorno da igreja. Conforme acompanhamos os episódios, descobrimos que muito do que se prega no altar não condiz com a realidade dos personagens. Acompanhamos desentendimentos, traições entre casais, rompantes de inveja entre irmãos e ministérios. A situação fica ainda mais delicada quando a Receita Federal começa a investigar problemas fiscais na contabilidade da igreja e da família.

Esta trama complexa transformou *Greenleaf* em uma das grandes vitrines para o canal da apresentadora Oprah Winfrey. Com um elenco composto pelos ganhadores do prêmio Emmy *Keith David* e *Lynn Whitfield*, além da atriz da Broadway *Merle Dandridge*, a série foi muito elogiada pelas atuações primorosas. Com cinco temporadas exibidas entre 2016 e 2020, conhecemos mais sobre os bastidores desta igreja fictícia que, infelizmente, se aproxima muito mais da realidade do que gostaríamos de admitir.

A *Calvary* possui um líder carismático que sustenta toda a estrutura por meio de sua imagem ilibada diante dos fiéis. Sendo assim, esta imagem não pode ser manchada por desvios de dinheiro ou por um hipotético divórcio. Existe um grande esforço em preservar esta imagem, a qualquer custo. Outro ponto interessante da trama está relacionado com o estilo de vida adotado pela família, pois vivem de maneira luxuosa, em propriedades que mais parecem castelos, colecionando carros e curtindo muita ostentação.

A premissa teológica para a fundamentação da *Calvary* de *Greenleaf* é a chamada Teologia da Prosperidade, que tem como base o sucesso do cristão em todas as áreas de sua vida, seja familiar, financeira, profissional e ministerial. Se você me acompanha há bastante tempo, sabe que tenho uma série de problemas com este tipo de argumentação que diz que o cristão não passará por problemas e que trata o Senhor dos Exércitos como se fosse um gênio da lâmpada de Aladin, que permanece sempre à disposição para realizar nossos desejos.

Pensando um pouco e refletindo a respeito da família que protagoniza nosso objeto de estudo de hoje, gostaria de destacar dois tipos de líderes cujos caminhos podemos cruzar ao longo de nossas vidas.

Em primeiro lugar, temos o líder saudável espiritualmente. Ele compartilha a própria experiência e não se considera um super herói espiritual, procurando servir e liderar por meio do exemplo e de uma visão dada por Deus. Por esta razão, é tão importante que venhamos a conhecer muito bem a visão da igreja local com a qual desejamos estabelecer uma aliança. Precisamos nos submeter a esta visão e, para isso, precisamos concordar com as diferentes abordagens que ela apresentar. Além disso, devemos honrar aos líderes por meio do nosso serviço à comunidade em que fazemos parte.

Em segundo lugar, alguns líderes não conseguem permanecer firmes, e acabam se envolvendo em escândalos de toda a sorte. Este tipo de notícia repercute muito na imprensa quando ocorre, em razão de nosso discurso ser contrário a qualquer desvio moral e ético. Qual deveria ser nossa postura diante de tudo isso? Conheci muitas pessoas que deixam sua fé por causa das atitudes de alguém que ela admirava e tratava como uma referência em sua vida. A minha resposta, quando ouvia estas histórias, era sempre a mesma: a salvação é individual e devemos estar vigilantes para que não sejamos os próximos a entrar nesta triste lista.

Não use os problemas e fraquezas dos outros como desculpa para se afastar do Criador! A nossa estrutura deve estar pautada nAquele que é o único que nunca nos decepcionará: **Deus**. O alerta do apóstolo Paulo continua ecoando pelos séculos da história da igreja:

"Assim, aquele que julga estar firme, cuide-se para que não caia!"
1 Coríntios 10:12

Curiosidade
Merle Dandridge, a Grace Greenleaf, é também a dubladora da personagem Marlene, no jogo The Last of Us para o PS4.

Dia 39

Suits

"Começar uma discussão é como abrir brecha num dique; por isso resolva a questão antes que surja a contenda." Provérbios 17:14

Harvey Specter considera-se um dos melhores advogados de Nova Iorque e, conforme o conhecemos, percebemos que ele é, de fato, um brilhante advogado. E possui diversas habilidades para endossar o diagnóstico: carisma, competência e habilidade de negociação em favor de seus clientes. O seu caminho vai se cruzar com o do jovem *Michael Ross* que, embora nunca tenha entrado em nenhuma Faculdade de Direito, possui uma memória brilhante e conhecimento jurídico para fazer as provas de admissão em cursos de Direito. Harvey fica impressionado com seu conhecimento e o aceita como um dos associados, mesmo sabendo que, pelas políticas do escritório, apenas ex-alunos de Harvard poderiam ser aceitos.

Este é o enredo inicial de *Suits*, série criada e escrita por Aaron Korsh, que estreou em 2011. Ela possui ao todo nove temporadas, e foi finalizada no ano de 2019, tendo recebido muitas indicações a prêmios, tornando-se uma das melhores séries com foco na vida e rotina de escritórios de advocacia ou de grandes casos jurídicos. O interesse em séries sobre advogados tem crescido nos últimos anos, em grande medida pelo aumento exponencial no número de profissionais que se formam todos os anos, criando um nicho próprio a ser explorado. Citaria ainda como causa para o sucesso de séries e filmes sobre o tema, a judicialização da sociedade civil. Existem hoje milhares e milhares de processos acumulados nas mesas de juízes pelos mais diversos motivos, sendo que, em muitos deles, uma simples conversa entre vizinhos sobre os cachorros ou sobre o som alto poderia impedir que o processo fosse aberto.

Não sou contra a procura pelos direitos do cidadão, de maneira nenhuma, apenas fico receoso de ajudarmos na lentidão do sistema judiciário, com casos que poderiam ser resolvidos de outra maneira. É exatamente este o ponto central de nossa conversa de hoje! Li um interessante artigo no site Jus Brasil escrito por Raphael Fraemam, em que ele aponta como grande lição de Harvey Specter para advogados brasileiros a sua capacidade em fazer acordos, para que não se transformem em processos. Sempre que possível, o personagem procura um bom acordo para seus clientes. Segundo Raphael: "...o 'espírito do conflito' já não é mais valorizado" no meio jurídico.

É muito interessante perceber que Salomão, conforme comprova o texto base de hoje, há três mil anos atrás, possuía esta mentalidade e apresentava a mesma ideia que norteia o protagonista da série de hoje. Qualquer discussão, seja ela pessoal ou processual, é desgastante para todas as partes envolvidas. É fundamental, se quisermos viver com tranquilidade, procurar resolver nossas questões no menor tempo possível.

Ao longo destes anos de ministério, tive algumas experiências neste sentido que ajudam a ilustrar o princípio de hoje. Éramos líderes de jovens e um de nossos liderados saiu da igreja abruptamente, sem maiores explicações. Anos mais tarde, ele retornou e disse que havia saído porque alguém havia dito que eu e a Meiry havíamos falado algo a respeito dele. Uma mentira que se tornou verdade no coração desta pessoa e a levou a passar três anos remoendo esta situação, sendo que uma simples conversa na época teria evitado anos de mágoa e pensamentos ruins a nosso respeito.

Somos seres relacionais e teremos contato com as pessoas nas esferas pessoais, profissionais e ministeriais. Mais cedo ou mais tarde, podemos ter problemas na comunicação ou na interpretação que fizerem do que falamos, quem sabe palavras ríspidas em dias ruins ou erros que cometemos em nossa caminhada, pois não somos perfeitos. O que estou querendo dizer é que só não terá problemas com outras pessoas quem decidir viver em solidão total. Podemos minimizar e diminuir as questões com sabedoria e discernimento, mas, mesmo assim, elas existirão. O que Salomão e Harvey Specter nos ensinam neste dia é que ganhamos tempo resolvendo nossos problemas assim que eles surgem. Que hoje você perdoe e peça perdão! Ouça mais, fale menos e resolva suas questões antes que se tornem uma contenda.

Curiosidade

A personagem Rachel Zane foi interpretada pela atriz Meghan Markle, que saiu da série na oitava temporada para casar-se com o príncipe inglês Henrique, conhecido como Harry, renunciando à sua carreira de atriz. Ela não é a primeira estrela de Hollywood a fazer isso e nem a mais famosa: nos anos 1950 a icônica e vencedora do Oscar Grace Kelly se casaria com o Príncipe de Mônaco.

Dia 40

Anne with an E

"As palavras agradáveis são como um favo de mel, são doces para a alma e trazem cura para os ossos." Provérbios 16:24

Os irmãos de meia idade Marilla e Matthew Cuthbert não se casaram. Eles vivem na fazenda Green Gables, na comunidade fictícia de Avonlea, na ilha do Príncipe Eduardo. Como não são mais jovens, decidem adotar um menino para ajudar no trabalho pesado da fazenda. Por causa de um equívoco, recebem a órfã Anne Shirley para morar com eles. Matthew acaba levando a menina para casa para que sua irmã decida o que fazer com ela. Com a intenção inicial de devolvê-la, aos poucos, Marilla também se rende à Anne, permitindo que ela fique. Então, esta órfã com uma infância terrível em orfanatos e casas de estranhos, enfim, tinha um lar!

Este é o resumo do clássico da literatura infanto juvenil, *Anne with Green Gables*, publicado em 1908, escrito pela canadense L.M. Montgomery. Traduzido para mais de 20 idiomas, o título já vendeu mais de 50 milhões de exemplares desde o seu lançamento. O livro é a base para a produção da série canadense *Anne with an E*, que ganhou notoriedade mundial a partir de sua transmissão pela rede de streaming Netflix. Ao compararmos o livro e a série, percebemos que a última é mais densa, por trazer de maneira explícita assuntos que ficaram apenas subentendidos no livro. Temas como *bullying*, questões de gênero, racismo, desigualdade, entre outros, são explorados ao longo das três temporadas, entre 2017 e 2019. Embora a série tenha sido cancelada logo após o lançamento da terceira temporada, existe uma forte campanha de fãs pelo retorno e continuidade do seriado por meio da viralização da hashtag #renewannewithane. Até o momento em que escrevo para vocês, a informação oficial é de que não haverá uma nova temporada.

De todas as características da personagem principal da trama, podemos dizer que ela é esperta, comunicativa, dramática e muitas vezes criativa em seus pensamentos. Porém, existe uma característica especial que define a personagem em minha humilde opinião. Estou falando sobre o otimismo.

Ela foi muito mal recebida na comunidade, sofrendo com a rispidez de sua nova família e de alguns de seus novos colegas de escola. Contudo, o que mais me chamou a atenção em seu comportamento nestes momentos difíceis foi o seu otimismo insistente de que tudo poderia melhorar. Na história do livro, Anne cresce e conclui seus estudos para docência em um tempo menor que os demais, ganhando uma bolsa para estudos universitários, por ser a melhor aluna em sua turma. Ao final, ela abre mão da bolsa de estudos após a morte de Matthew, para ajudar a cuidar de Marilla, como retribuição por aquilo que ela recebeu anos antes: uma família.

O texto base de hoje nos mostra que o que dizemos para outras pessoas tem o poder de trazer alegria e cura para nós, e para aqueles que nos ouvirem. A condição para que nossas palavras tenham este resultado é que sejam agradáveis. A Bíblia traz muitas referências a respeito da necessidade do controle de nossa língua, pois ela é o melhor termômetro para saber como está o nosso coração. Revelamos o que está em nosso interior com as palavras.

Algumas pessoas dizem que não conseguem mudar, porque "nasceram assim" e, por esta "razão", são mal educadas, rudes e grosseiras. Precisamos crer que Jesus nos resgatou e assim caminhar a cada dia em direção à transformação de nosso caráter a partir deste contato com o Mestre. Declarar-se cristão e não mudar a maneira de agir e lidar com as pessoas, mostra que ainda não compreendemos nada sobre como praticar a fé que declaramos.

Existe um texto no livro de Jó que é muito interessante a este respeito:

"O ouvido não experimenta as palavras como a língua experimenta a comida?" Jó 12:11

Desta forma, nossas palavras serão alimento para os ouvidos de quem as ouve. A grande questão é saber que tipo de alimento temos gerado a partir do que falamos. Faça uma rápida análise a este respeito e busque palavras agradáveis, enxergando os momentos de desafio e dificuldade como oportunidade para colocar sua fé em ação!

Curiosidade
O título de cada episódio do seriado traz uma citação da obra Jane Eyre, de 1847, escrito por Charlotte Brontë, livro preferido de Anne.

Dia 41

Homeland

"Salva-nos Senhor! Já não há quem seja fiel; já não se confia em ninguém entre os homens." Salmos 12:1

Carrie Mathison é uma oficial de operações da CIA, que possui um senso próprio de justiça. Ela conduz uma operação não autorizada no Iraque, é julgada e colocada em liberdade condicional. Outro ônus de sua ação insubordinada é que ela foi transferida para o Centro Contraterrorista da CIA. Durante sua estada no Iraque, uma de suas fontes a avisa que um prisioneiro de guerra americano estava agora trabalhando para a Al-Qaeda. Ao mesmo tempo, o sargento Nicholas Brody, desaparecido há oito anos, é encontrado e resgatado por forças especiais americanas durante uma incursão em território inimigo.

Para todos, Nicholas é um herói de guerra que voltou para casa, mas para Carrie ele é o traidor que fará um novo ataque terrorista em seu país. Como ninguém acreditaria em sua história, ela passa a investigar Brody com a ajuda de seu mentor e figura paterna, Saul Berenson.

Esta é a trama inicial de *Homeland,* série multipremiada em oito temporadas transmitidas entre 2011 e 2020, produzida por Howard Gordon e Alex Gansa, que também trabalharam na série *24 Horas,* outro programa já abordado neste livro anteriormente. A semelhança entre o padrão moral de Carrie e Jack Bauer não é mera coincidência! *Homeland* foi baseada na série israelense chamada "Prisioneiros de Guerra", criada por Gideon Raff.

Uma pergunta que é feita por seus amigos e aliados ao longo dos episódios é a seguinte: "Não há limites para Carrie?" Quando o mundo está em perigo, vale tudo para impedir o desastre? Até mesmo que inocentes morram no caminho, amigos leais sejam traídos, alianças sejam quebradas? Acredito que este é um dos grandes trunfos desta série, que coloca os valores morais do espectador em xeque em quase todos os episódios.

Por esta razão, o tema deste devocional não poderia ser outro: lealdade. Vivemos dias em que é difícil encontrar pessoas leais, mas, pelo que Davi confidencia conosco no texto base, este fenômeno não é nem um pouco recente ou um "privilégio" de nossa geração.

Segundo o dicionário, lealdade é o *"respeito aos princípios e regras que norteiam a honra e a probidade, e a fidelidade aos compromissos assumidos."* Todos nós temos princípios morais que recebemos de nossa família durante a infância. Ao longo da vida, aprendemos a conviver em sociedade a partir da experiência escolar e, no caso de crescermos em uma igreja cristã, receberemos princípios de moral e honra baseados na Palavra de Deus. Em nossas profissões, fazemos juramentos nas cerimônias de formatura ou de posse de algum cargo, ocasiões em que juramos proteger, ensinar, cuidar, enfim...são muitas as promessas que fazemos ao longo de nossas vidas.

Manter a nossa postura firme, independentemente da situação externa, é uma grande mostra de maturidade, que gera autoridade em nossas respectivas áreas de atuação. A Bíblia nos diz:

"Seja o seu 'sim', 'sim', e o seu 'não', 'não', o que passar disso vem do Maligno." Mateus 5:37

É muito interessante que, para que meu sim seja, de fato, sim, preciso conhecer meus limites e princípios de maneira profunda. Por outro lado, caso não possua nenhum limite ou "freio" moral em minha vida, não sentirei nada quando fizer algo ruim a outra pessoa. Acredito que este é o ponto central desta discussão, pois todos concordamos que pessoas íntegras, leais e fiéis são necessárias e, até mesmo, desejadas para ocuparem espaços diversos na sociedade. O grande problema é que, em um mundo com padrões distorcidos, esta noção de fidelidade e lealdade acaba se distorcendo também.

Então, como ser fiel, quando somos, pela nossa natureza e pela cultura ao nosso redor, tentados em todo o tempo a sermos exatamente o oposto? Devemos voltar nossos olhos para Deus, pois Ele é absolutamente fiel, conforme está escrito:

"Se somos infiéis, ele permanece fiel, pois não pode negar-se a si mesmo." 2 Timóteo 2:13

Não temos condições, por nós mesmos, de sermos fiéis e leais a um Deus tão perfeito. Precisamos buscá-Lo, como o rei Davi declarou em todas as suas canções descritas no livro de Salmos. Ainda que o cântico comece com um lamento sobre a deslealdade dos inimigos, ele termina com a esperança da proteção de um Deus que é fiel em suas promessas!

Curiosidade
A atriz brasileira Morena Baccarin faz parte da série como Jessica Brody, a esposa do sargento Nicholas.

Dia 42

Mad Men

"Ele muda as épocas e as estações; destrona reis e os estabelece. Dá sabedoria aos sábios e conhecimento aos que sabem discernir." Daniel 2:21

Estado Unidos, Nova Iorque, década de 60, século XX. Na agência de publicidade fictícia *Sterling Cooper*, Don Draper é o diretor de criação. A partir de sua trajetória, e das pessoas que orbitam ao seu redor, conhecemos mais a respeito da cultura americana dos anos 60 com práticas culturais disseminadas e aceitas pela sociedade e que hoje simplesmente não são mais toleradas.

A série *Mad Men* foi criada por Mattew Weiner e possui sete temporadas, que foram ao ar entre 2007 e 2015. Os produtores usam a agência em que Draper é diretor para discutir o desenvolvimento da publicidade diante das mudanças iminentes do contexto histórico dos EUA.

Ela foi amplamente elogiada na crítica especializada, pela pesquisa histórica realizada para retratar os anos 60, bem como o figurino desenvolvido, roteiro e direção dos episódios. A prova desta qualidade está no número de prêmios alcançados: quinze *Emmys* e quatro *Globos de Ouro*.

O ponto alto desta série, em minha opinião, está justamente em retratar o período histórico com todo o glamour que estava presente na mentalidade desta sociedade. É possível perceber como os ventos da mudança estavam começando a soprar e como as agências de publicidade desmentiam informações sobre os produtos de seus clientes para manter as aparências e continuar com os negócios lucrativos.

O primeiro elemento que se encaixa nesta narrativa que estamos apresentando hoje é a apologia ao tabagismo. Muitos personagens fumam no decorrer da série, e esta prática é glamourizada, mesmo que os estudos da época já apontassem os malefícios do tabaco para a saúde pública. Estes alertas são minimizados e, até mesmo, desconsiderados pelas agências e pelos fumantes, que não acreditavam nos avisos da ciência.

O segundo elemento que fica muito claro é uma falsa moral em boa parte dos homens representados na série. Eles possuem casamentos "sólidos", que na verdade são apenas fachada, pois os homens procuram por amantes, enquanto suas esposas cuidam dos filhos e da casa. Ao mesmo tempo, o movimento pelos direitos das mulheres cresce exponencialmente.

Existem vários outros temas propostos, mas estes dois podem nos ajudar a compreender o devocional de hoje. O nosso texto base, no livro de Daniel, nos revela que o controle de todas as coisas está nas mãos de Deus, seja no espectro político *("Ele destrona reis e os estabelece")* e também no científico *("dá conhecimento aos que sabem discernir")*.

Muitas vezes algo parece imutável na sociedade como, por exemplo, o tabagismo, que foi estabelecido como elemento cultural relacionado ao status social, de maneira especial entre 1940 e 1970. Esta grande aceitação do cigarro, entre outros fatores, se deu por causa do cinema, que o apresentava como sinal de prosperidade. Hoje, ao invés de estar na moda, o cigarro é um grande problema de saúde pública. Com as pesquisas científicas disponíveis, é possível saber que o tabaco causa muito mal, tanto para o fumante, quanto para sua família que inala a fumaça. Então, esta estação mudou!

Com relação ao segundo ponto, ainda existem muitos homens que adotam uma postura de moralidade irrepreensível externamente, mas que, em segredo, vivem vidas duplas. Essas pessoas julgam os outros sem olhar para sua própria realidade, sendo insensatos ou sem discernimento.

Em determinados momentos de nossa vida, podemos ter a impressão de que estamos vivendo um pesadelo sem fim. O mesmo Deus que dá sabedoria para cientistas mapearem vírus e descobrirem vacinas ou determinar o perigo do tabaco para a saúde humana, também mudará nossas estações pessoais.

É importante observar o que aconteceu no passado e quais as mudanças ocorreram ao longo do tempo. Podemos perceber o agir de Deus na história de várias maneiras. Culturas mudam, práticas são alteradas, e o nosso contexto pessoal também mudará. Mas basta continuarmos crendo neste Deus Todo Poderoso para termos a certeza de que a nossa história não será mais a mesma!

Curiosidade
Os cigarros usados pelos personagens na série são falsos, pois nos Estados Unidos é proibido o seu uso por atores.

Dia 43

Anos Incríveis

"Junto aos rios da Babilônia nós nos sentamos e choramos com saudade de Sião." Salmos 137:1

Kevin Arnold é um adolescente que vive com sua família nos Estados Unidos, na década de 60. Conhecemos sua história por meio de sua versão adulta, que se recorda dos melhores anos de sua vida, a partir das lembranças desta fase. *The Wonder Years*, ou Anos Incríveis, é uma série de seis temporadas transmitidas entre 1988 e 1993, pelo canal americano ABC. No Brasil, a TV Cultura comprou os direitos de transmissão originalmente, tendo um resultado muito positivo. Particularmente, recomendo para toda a família, pois o programa é uma grande fonte de ensinamentos para nossas vidas.

Um dos elementos mais interessantes da série é a abordagem das grandes questões daquele período, vistas pela perspectiva de um adolescente. Guerra do Vietnã, racismo e escândalos políticos são temas presentes nas lembranças do protagonista, vinte anos depois. A série é considerada um clássico, além de um dos melhores programas da década de 80, sendo uma inspiração a muitos outros. Gostaria de aproveitar esta série, que revela quais foram os "anos incríveis" do protagonista, para falar a respeito de um assunto muito pertinente: a importância da tristeza em nossas vidas.

O nosso texto base mostra um período muito difícil para a existência do Reino de Judá. O povo havia sido levado cativo para a Babilônia, após a destruição total de Jerusalém, incluindo os muros que protegiam a cidade e o Templo, onde acontecia a adoração pública a Deus. Depois de uma viagem de cerca de cinco meses e aproximadamente 1.300 quilômetros de distância, o povo se assentou às margens dos rios e chorou, lembrando da vida que tinha antes.

Diante de um presente difícil ou desafiador, é natural que venhamos a nos apegar a algum momento feliz de nosso passado para conseguirmos resistir às dificuldades que a vida pode nos trazer. Não existe nada de errado em cultivar boas memórias de períodos especiais de nossas vidas. Uma viagem especial, o abraço daqueles que já partiram, o cheiro de uma comida que nos leva de volta à casa de nossos avós etc. A grande questão é que muitos procuram refúgio nestes lugares, pois acreditam que podem fugir da tristeza, pelo simples fato de não pensarem em seus problemas do tempo presente.

Alguns usam a tecnologia disponível para isso, por meio das redes sociais, jogos eletrônicos, mundos de fantasia das séries, entre outros "escapismos" possíveis na Era Digital. A principal consequência deste comportamento é a manutenção de um estado de imaturidade emocional que impede que o jovem ingresse na fase adulta de sua jornada. Enfrentar os problemas nos levará, muitas vezes, a nos entristecer, mas são essas situações que nos ajudam no processo de amadurecimento. Eu demorei muito tempo para compreender um texto que está no livro de Provérbios que diz:

> *"O coração do sábio está na casa onde há luto, mas o dos tolos, na casa da alegria." Eclesiastes 7:4*

O luto simboliza a brevidade da vida e a nossa falta de controle a respeito dela. Precisamos aprender a lidar com estas questões complexas, mas que fazem parte da vida de todos nós. Ninguém consegue viver apenas de momentos felizes, e a vida possui muitos outros componentes necessários para nos trazer equilíbrio. As redes sociais geraram um conceito chamado "sociedade do espetáculo". Nela, nos tornamos personagens que mostram apenas a alegria momentânea ao mundo.

Existe uma geração de jovens e adolescentes que está sendo criada a partir do consumo de youtubers e "digital influencers" e criadores de conteúdo que mostram apenas o lado bom da vida. Aos poucos, estes jovens começam a acreditar que a vida é feita de alegria, materialismo exacerbado, além de futilidades sem tamanho.

Precisamos aprender e também ensinar que a vida é efêmera, passa muito rápido, e que a dificuldade de hoje nos habilita para vivermos "anos incríveis", não no passado, mas em nosso presente! Enfrentar a tristeza faz parte do nosso processo de amadurecimento pessoal. A tristeza de hoje será a alegria renovada de amanhã!

Curiosidade
Um remake da série está em produção atualmente, em que o ator protagonista jovem da série clássica, Fred Savage, trabalha como diretor e produtor-executivo.

Dia 44

Friends

"Se um cair, o amigo pode ajudá-lo a levantar-se. Mas pobre do homem que cai e não tem quem o ajude a levantar-se!" Eclesiastes 4:10

Rachel Green é uma jovem rica e mimada que abandona o noivo no altar e passa a morar com uma amiga do colegial. Monica é chef de cozinha e possui obsessão por limpeza, além de ser muito competitiva. Phoebe saiu de casa aos quatorze anos e morou na rua antes de trabalhar como musicista. Joey é ator e ganha fama após participar de uma novela. Chandler é frustrado em seu trabalho com processamento de dados até criar coragem para partir em busca de seu sonho profissional. Ross, irmão mais velho de Monica, é um paleontólogo que ama dinossauros.

O que estas seis pessoas têm em comum? São amigos que moram no mesmo prédio e buscam encontrar seu lugar no mundo. Eles estão na fase da vida em que o futuro é repleto de possibilidades, mas também de muitas incertezas. Uma geração inteira acompanhou, por uma década, os dilemas, erros e acertos deste grupo que, como aqueles que os assistiam, viam a vida adulta com um misto de esperança e medo.

Este é um resumo de *Friends*, uma série no modelo sitcom, criada por David Crane e Marta Kauffman, transmitida entre 1994 e 2004, com dez temporadas ao todo. Por sinal, o episódio final da série foi um dos mais assistidos da história da televisão. A série foi indicada 152 vezes nas premiações, ao longo de sua existência, vencendo seis *Emmys* e um *Globo de Ouro*, entre vários outros prêmios.

Friends gerou, além de uma legião de fãs ao redor do mundo, uma influência cultural que reverbera até hoje, quase vinte anos após seu encerramento. Desde o corte de cabelo das personagens, que viraram tendência em vários países, até gírias e figuras de linguagem usadas no roteiro, que foram incorporadas ao dicionário. Um dos locais preferidos dos personagens, o *Central Perk Cafe*, foi copiado ao redor do mundo. Existem cafés com essa decoração baseada da série no Irã, China e muitos outros países.

Na primeira abordagem que fiz sobre este programa, no livro Devocional Pop, tratei das intrincadas relações amorosas que existem entre os personagens, com encontros e desencontros, que apenas reforçam a falta de clareza com relação às suas escolhas. Na série, assim como na vida real, tomar decisões apenas por si mesmo é uma tarefa muito difícil.

Em nossa análise de hoje, é importante perceber que, apesar de todos os problemas, fraquezas, erros e diferenças, os seis guardaram sua amizade até o final. No mundo líquido, relacionamentos são considerados mercadorias que duram enquanto houver vantagem para uma das partes. Em outras palavras, nos dias de hoje, muitas pessoas se relacionam para ganhar algo em troca.

Pensando nisso, será que é possível viver uma amizade verdadeira como aquela que está descrita em nosso texto base, nos dias de hoje? Para responder, gostaria de elencar alguns tópicos sobre amizade na prática, a partir do que aprendi ao assistir *Friends*:

A amizade genuína não vive de aparências. Amigos possuem liberdade para apontar erros, com o objetivo de aperfeiçoamento futuro. Eles falam na cara, nunca pelas costas.

Amigos verdadeiros são empáticos. Não importa se conseguir compreender a plenitude da dor que o outro está sentindo, você simplesmente está disponível para oferecer seu ombro para seu amigo, quando for o momento.

A amizade nos concede uma família não sanguínea. Muitas vezes conseguimos nos abrir com um amigo ou amiga, compartilhando assuntos que não conseguiríamos dizer a mais ninguém. Amigos de verdade fazem parte de nossas vidas não por aquilo que podemos oferecer, mas por aquilo que somos.

A Palavra de Deus considera uma amizade verdadeira como uma grande bênção para aqueles que a encontram. Espero que você seja um destes agraciados pelo dom da amizade. Porém, nunca se esqueça de que Jesus é, e sempre será, o nosso amigo fiel com quem podemos contar em qualquer momento de nossas vidas.

Curiosidade
O nome da série, originalmente, era Insomnia Cafe, depois passou para Friends Like Us, antes de chegar ao consagrado nome que foi ao ar.

Dia 45

Star Trek

"Novamente ele disse: 'Com que compararemos o Reino de Deus? Que parábolas usaremos para descrevê-lo?'" Marcos 4:30

A Federação Unida dos Planetas possui uma Frota Estelar, que é um conjunto de naves com o objetivo pacífico de exercer uma boa diplomacia galáctica. Composta por uma equipe multiétnica, que inclui humanos, ciborgues e alienígenas de diversas espécies, estas naves partiam em missão de exploração espacial, onde estudavam e catalogavam novas espécies para compreender melhor o Universo em seus rincões mais longínquos.

Entre todas as naves da armada estelar, a mais famosa é, sem dúvidas, a USS Enterprise, comandada pelo capitão James T. Kirk, que contava em sua equipe com o Vulcano Spock, o médico Doutor Leonard McCoy, entre outros tripulantes desta missão.

Este é o resumo da série original de *Star Trek*, que foi ao ar entre 1966 e 1969 na rede NBC. Apesar de possuir apenas três temporadas, ela revolucionou o gênero de ficção científica e teve seu próprio universo expandido com inúmeras séries e filmes correlatos, em live action ou animações. Uma das continuações mais relevantes da série foi *Star Trek: Next Generation*, que foi ao ar entre 1987 e 1994. Esta sequência se passa um século depois da série original, com as aventuras de uma nova nave, a USS Enterprise-D, comandada pelo capitão Jean-Luc Picard.

Para compreender a ficção científica, seja no cinema ou na TV, *Star Trek* é fundamental. Além de fazer parte da história da ficção científica, o programa também é muito útil para conhecer os dilemas e as principais demandas de seu tempo. Em se tratando da série original, podemos descobrir quais os principais conflitos da década de 60, que o criador do programa, Gene Roddenberry, queria mostrar ao seu público.

Entre essas alegorias contemporâneas estabelecidas nos episódios de *Star Trek*, podemos destacar:

Papel da tecnologia. A corrida espacial estava em pleno desenvolvimento entre Estados Unidos e União Soviética. A sonda Sputnik-1 foi lançada em 1957.

Guerra. A guerra do Vietnã acontecia no período de produção da série original. Um exemplo desta tentativa de mostrar soluções está na descrição do povo Vulcano: os Violentos e os Armamentistas, que compunham a sociedade vulcânica no passado, aprenderam com seus erros e construíram uma próspera sociedade baseada na razão e na lógica.

Poderíamos apontar, ainda, direitos humanos, diálogo religioso, e vários outros temas utilizados como pano de fundo para as aventuras da Enterprise, mas estes dois já nos ajudam a compreender o princípio de hoje: o uso de "alegorias" para explicar a realidade.

Uma definição possível para o conceito alegoria pode ser a seguinte:

A alegoria é uma figura de linguagem caracterizada como sendo um conjunto simbólico criado para transmitir um segundo sentido além do sentido literal das palavras.

Desta forma, explica-se algum aspecto da realidade a partir do uso de figuras fictícias para auxiliar a compreensão do real. A Bíblia apresenta, tanto no Antigo, quanto no Novo Testamento, o uso de alegorias para explicar princípios profundos do Reino de Deus. O profeta Natã confronta o rei Davi em seu pecado, a partir do uso de uma alegoria, em 2 Samuel 12:1-13. Jesus fez vasto uso das Parábolas para explicar o Reino para quem o ouvia.

A grande questão nos dias de hoje é compreendermos se nossa linguagem está adequada ao público que nos ouve. Para você que prega no altar, faça o uso de analogias para tratar questões de caráter e de reflexão. Se você não prega no altar, com certeza "prega" com sua vida diante das pessoas de seu convívio...Use as analogias para ilustrar as verdades eternas. As próximas gerações de cristãos agradecem!

Curiosidade

"Vida longa e próspera". A famosa saudação do Sr. Spock com a palma da mão esticada e os dedos juntos, separando o dedo médio do anelar, é muito mais do que uma simples saudação. O ator Leonard Nimoy, que interpretou o Spock original, era de origem judaica e trouxe para a série esse gesto icônico, para representar o cumprimento nativo dos vulcânicos. Na realidade, o gesto é uma bênção de alguns segmentos do judaísmo e representa a letra Shin do alfabeto hebreu, uma junção da primeira letra da palavra Shaddai (antigo nome de Deus), da palavra Shalom (paz) e da palavra Shekina (habitação ou presença de Deus). O ator teria declarado: "Por mais de 50 anos as pessoas abençoam umas às outras com o gesto sem o saber".

Dia 46

Law & Order

"Pois vocês são um povo santo para o Senhor, o seu Deus. O Senhor, o seu Deus, os escolheu dentre todos os povos da face da terra para ser o seu povo, o seu tesouro pessoal." Deuteronômio 7:6

Law & Order é uma série dramática, querida pelo público americano, sendo muito assistida também no Brasil, pois foi transmitida em várias emissoras da TV aberta como a extinta Manchete, Globo, Bandeirantes, CNT, Record, bem como canais fechados como o Universal Chanel. O programa foi produzido entre 1990 e 2010, tendo ao todo 20 temporadas, o que a torna a série de drama que ficou mais tempo no ar, dividindo este título com *Gunsmoke* (1955-1975), que teve o mesmo número de temporadas ativas.

O seu sucesso gerou, além de uma arrecadação fabulosa que contava em 2005 com cerca de 1 bilhão de dólares, vários *spin-offs*, sendo que o principal deles, *Law & Order, Special Victims Unit (SVU)*, estreou em 1999 e continua ativo até o presente, com perspectivas de superar a série original em número de temporadas.

A série aborda dois elementos principais em seus episódios de cerca de sessenta minutos. Na primeira parte, existe um crime que precisa ser solucionado pelos investigadores enquanto que, na segunda metade do programa, o foco é o julgamento dos acusados nos tribunais. Conhecemos os bastidores da promotoria e acompanhamos os resultados dos processos. A resolução do problema começa na cena do crime e termina com a sentença do juiz. A grande maioria dos episódios começa com a seguinte narração:

> *"No sistema judiciário criminal, o povo é representado por dois grupos distintos, porém igualmente importantes: a polícia, que investiga os crimes, e os promotores de justiça, que processam os autores. Estas são as suas histórias".*

Pensando um pouco a este respeito, gostaria usar o formato de *Law & Order* para conversar com você a respeito de um dos estilos literários da Bíblia mais incompreendidos por nossa geração: o Legislativo. A base do Antigo Testamento é o Pentateuco, em especial os livros de Levítico e Deuteronômio. Neles, encontramos todo o conjunto de regras que o povo hebreu, agora livre do cativeiro do Egito, deveria seguir em sua jornada. O livro de Deuteronômio será a base que os profetas usarão para elaborar os seus julgamentos contra o comportamento do povo ao longo da História de Israel.

Centenas de regras e proibições distanciavam a cultura e o modo de viver de Israel dos demais povos contemporâneos. O fundamental é nos perguntarmos sobre a razão da existência destas regras. Para responder adequadamente, precisamos usar, uma vez mais, nosso filho Joshua como exemplo. Quando era pequeno, ele acreditava piamente que era, de fato, o Homem-Aranha. Por esta razão, ele queria saltar de qualquer altura e, por esta mesma razão, não permitíamos que fizesse isso. A regra de não saltar do altar de nossa igreja, após o culto, não tinha o objetivo de proibir, mas sim de protegê-lo de algo que o machucaria e traria consequências reais para sua vida.

Esta é a função das Leis e Regras que estão contidas da Bíblia: nos proteger do pecado, de nós mesmos, do sistema conhecido como mundo, enfim, de tudo aquilo que nos afasta de Deus. Um conceito muito utilizado no contexto veterotestamentário e, que será reforçado por Jesus e pelos Apóstolos, é o da santidade. É uma constante a declaração dada pelo Senhor de que devemos ser santos, assim como Ele é santo (Lv 11:45; Lv 19:2; 1 Pe 1:16). As Regras e as Leis nos aproximam desta realidade, pois ser santo significa ser separado da realidade ao nosso redor.

O nosso texto base revela o objetivo da legislação bíblica no contexto do Antigo Testamento: Deus separou Israel como seu povo! Por isso deveriam agir de maneira distinta dos demais povos e impérios da antiguidade, em diferentes espectros. Em resumo, as Leis não são proibições sem sentido, mas proteções para as nossas vidas.

Compreender esta realidade nos levará a uma vida bem-sucedida e segura, desde que, além de conhecer essas regras, venhamos a obedecer a Lei do Senhor.

Curiosidades
O spin-off Law & Order SVU retrata casos de crimes reais, abordados pela mídia. Para evitar processos, os roteiristas mudam alguns aspectos das histórias, apenas para não citar nomes dos famosos eventualmente envolvidos nos casos.

Dia 47

Glee

"Venham! Cantemos ao Senhor com alegria! Aclamemos a Rocha da nossa salvação." Salmos 95:1

A escola fictícia *Willian Mckinley* apresenta seus alunos do ensino médio com os estereótipos típicos de séries adolescentes: alunos populares, introvertidos, nerds, atletas, ambiciosos, competitivos, empáticos etc. As coisas começam a mudar quando o professor de espanhol William Schuester decide reabrir o coral que foi motivo de orgulho para a comunidade escolar em outros tempos. Para alcançar seu objetivo, ele enfrentará muitos desafios, como um pequeno orçamento, baixa autoestima dos alunos e a perseguição da treinadora das *cheerleaders* do colégio, Sue Sylvester. O professor consegue um acordo com o diretor do colégio, por meio do qual a permanência do coral depende da vitória em um concurso regional. Caso não vençam, o espaço que utilizam será alugado para levantar recursos para o colégio.

Este é o enredo inicial de *Glee*, série criada por Ryan Murphy, Brad Falchuk e Ian Brennan, produzida para a Fox. Ela foi exibida originalmente entre 2009 e 2015, ao longo de seis temporadas, sendo apresentada em mais de 60 países, vencendo vários prêmios, dentre eles três *Globos de Ouro* e quatro *Emmys*. O mote central da série são as músicas que o coral ensaia, por isso, as canções e as coreografias são parte fundamental de *Glee*, que é recheada de versões de músicas famosas, cedidas pelas gravadoras para fazer parte do programa. Em nosso devocional anterior, *40 Dias no mundo dos Games*, apontamos para os benefícios que bandas mais antigas alcançaram ao terem músicas inseridas no jogo *Guitar Hero*. Com *Glee* acontece algo semelhante em uma proporção ainda maior. Músicas da década de 80 e 90 são apresentadas para uma nova geração, gerando aumento de vendas e visualizações em aplicativos de streaming de música. Os produtos musicais derivados da série, como CD's e DVD's venderam mais de 43 milhões de unidades ao longo do programa, além de turnês muito bem sucedidas.

Uma série que tem no aspecto musical a sua essência é um excelente ponto de partida para nossa conversa de hoje. A música pode ser definida como a combinação entre sons e silêncio, seguindo uma organização ao longo do tempo. É uma prática cultural, tendo em vista que cada povo e sociedade, em diferentes períodos históricos, possui a sua própria referência musical. A música possui letra, melodia, velocidade e intensidade, entre outros elementos. Tudo isso faz com que ela ultrapasse algumas barreiras lógicas e racionais e nos atinja no cerne de nossas emoções. Em outras palavras, consumimos música muitas vezes sem perceber. Quem já não teve a experiência de ouvir um refrão de músicas que ficam o restante do dia em sua cabeça? Quando se tem filhos, os desenhos infantis fazem muito bem este papel.

Nas Escrituras, a música tem um papel fundamental e está por toda a parte. De maneira especial no livro de Salmos, em que os textos foram concebidos para serem cantados, percebemos como a música é central no culto a Deus. A adoração pública, ou o período de louvor de nossos cultos, se assim preferir, tem um objetivo muito maior do que ser um dos elementos da programação do dia que antecede as ofertas, a mensagem e os avisos da semana.

A adoração é a nossa resposta a quem Deus é e ao que Ele faz. Quando cantamos em adoração, estamos celebrando Seus atributos eternos e Suas qualidades. Nos tempos bíblicos, a música tinha uma função didática e pedagógica de ensinar um povo que era, em sua maioria, analfabeto. As canções ajudavam a ensinar sobre o Deus que eles serviam.

Neste sentido, se você trabalha com música em sua igreja, escolha canções que ensinem o povo, que falem da grandeza de Deus, da vitória de Cristo na Cruz e da Sua ressurreição que nos traz vida! Analise as letras que vocês cantam em sua igreja e tenha a certeza de que elas sejam cristocêntricas e não antropocêntricas, centradas no eu e na vontade do homem.

Agora, se você não trabalha nesta área em sua igreja, procure chegar antes do início do culto, para ter um tempo de oração e se preparar para ser ministrado ou ministrada enquanto canta. O louvor de sua igreja vai preparar seu coração para receber a santa Palavra de Deus e encher seu coração de fé nas obras que Cristo já fez no passado, e que continuará fazendo no presente.

Curiosidade
Ao longo da série, foram executadas 728 performances musicais.

Sherlock

"O homem sábio é poderoso, e quem tem conhecimento aumenta a sua força; quem sai à guerra precisa de orientação, e com muitos conselheiros obtém a vitória." Provérbios 24:5-6

Sem dúvidas, Sherlock Holmes foi um grande companheiro em minha adolescência. Eu devorava os livros clássicos escritos por Arthur Conan Doyle e ficava encantado com as aventuras do detetive que conseguia, a partir da análise do ambiente ao seu redor, descobrir evidências que estavam lá o tempo todo, mas que as outras pessoas não conseguiam enxergar. As suas habilidades de dedução foram reconhecidas pelo governo britânico, pela polícia e pelas mentes criminosas mais brilhantes de seu tempo. Desde que o endereço do detetive, na rua Baker Street, número 221b, ficou mundialmente conhecido, inúmeras produções tentaram adaptar as suas aventuras para as telas de cinema e TV.

Uma grata surpresa foi a estreia em 2010 da série *Sherlock*, que faz uma adaptação contemporânea do personagem abordando um personagem da era vitoriana, como se ele vivesse em nossos dias. A experiência foi tão boa que, dois anos depois, surgiria outra adaptação, chamada *Elementary*, em que Holmes vive nos Estados Unidos e Watson é uma mulher.

Bem, voltemos ao nosso objeto de estudo. A série foi criada por Steven Moffat e Mark Gatiss, e traz o detetive vivendo em uma Londres contemporânea, usando também a tecnologia para resolver os casos. Doutor Watson, ao invés de escrever os livros com as memórias dos casos do detetive, posta seus textos em um blog. Neste programa, Sherlock é uma espécie de consultor que auxilia a Polícia Metropolitana, por meio de um contato especial com o Inspetor Lestrade. Sempre que surge uma situação que a polícia local não consegue resolver, Sherlock é chamado para aconselhar e dar uma direção ao caso.

Algo interessante com este programa é que, até o momento, foram produzidos apenas 13 episódios, sendo que cada uma das temporadas possui três, além de um especial produzido em 2016. Vamos aproveitar o fato de Sherlock ser aquele quem ajuda a polícia nos crimes aparentemente sem solução, para tratarmos de um assunto muito importante em nossas vidas: conselho.

A vida é muito complexa! Não temos e jamais teremos todas as respostas que precisamos, por mais inteligentes que venhamos a nos tornar. É fundamental termos pessoas ao nosso redor que possam nos auxiliar em temas difíceis, durante os momentos em que não sabemos o que fazer. Considero muito importante a existência de uma escala hierárquica nesta busca por conselho que eu gostaria de compartilhar com vocês.

Em primeiro lugar, buscamos conselho entregando as questões a Deus, que é a fonte de toda a sabedoria existente no mundo, conforme Romanos 16:27. Por esta razão, o nosso tempo de oração, em que ficamos a sós em Sua Presença, longe das muitas distrações do dia a dia, nos ajuda a encontrar a paz que excede todo o entendimento em nossas decisões diárias.

Em segundo lugar, a própria Palavra de Deus possui muitas informações que nos ajudam na tomada de decisão. Se o que queremos fazer for contrário ao que está escrito nas Escrituras, já temos a nossa resposta!

Em terceiro lugar, caso seus pais estejam vivos, ninguém conhece você melhor do que eles, que estão na sua vida muito antes de seu esposo ou esposa, para os casados. Os pais desejam o melhor para seus filhos, então podemos ter a certeza de que seus conselhos virão com as melhores intenções.

Em quarto lugar, o pastor ou líder em sua igreja pode ajudar por ser alguém de confiança que pode enxergar o problema por um ângulo diferente, já que não está envolvido diretamente na situação, além de apontar para a Palavra de Deus em seus comentários.

Em quinto e último lugar, procure profissionais especialistas na área em que precisa de ajuda!

Gostamos muito de achar que não precisamos de ninguém para resolver os nossos problemas, mas espero que, neste devocional, tenhamos aprendido que a vitória está na multidão de conselhos. Ouça todos eles, retenha o que for bom para você e siga em frente!

Curiosidade
Em 1995, o humorista, escritor e jornalista Jô Soares escreveu o livro "O Xangô de Baker Street", história fictícia em que Sherlock Holmes foi contratado para vir ao Brasil para investigar o roubo de um violino Stradivarius, além de assassinatos misteriosos. Em 2001, o livro foi adaptado para um longa metragem com o ator português Joaquim de Almeida vivendo o protagonista.

Dia 49

The Witcher

"Mas vocês sabem que Timóteo foi aprovado, porque serviu comigo no trabalho do evangelho como um filho ao lado de seu pai. Portanto, é ele quem pretendo enviar, tão logo me certifique da minha situação." Filipenses 2:22-23

Em mundo chamado "Continente" habitam humanos e monstros de todos os tipos. Neste mundo, jovens são levados para passar por um rigoroso e muito doloroso procedimento químico para incremento de habilidades. O processo é tão difícil que apenas três de cada dez jovens sobrevivem, os que conseguem passam por intensos treinamentos de combate corpo a corpo e com armas diversas. Assim, eles estão habilitados a enfrentar qualquer tipo de ameaça.

Esse processo transforma humanos em mutantes temidos por parte da população, e considerados como monstros pelos restantes. Eles se tornam mercenários que matam monstros por dinheiro. Embora tenham um código de ética, digamos assim, muitas vezes os pedidos dos humanos são tão sórdidos que os bons mutantes se recusam a cumprir estas tarefas. O que percebemos na série é que os verdadeiros monstros são os humanos!

Um dos grandes representantes deste grupo é, sem dúvida nenhuma, Geralt de Rivia. Por tudo o que ele passou, consegue acessar locais que simples plebeus não teriam como entrar, nem em seus sonhos. Ao mesmo tempo em que é convocado a eliminar um monstro em uma humilde vila, ele também pode ser chamado à corte real para servir ao rei quando for solicitado. O trânsito só é possível apenas por tudo aquilo que ele fez no passado. Este é um resumo do romance escrito pelo polonês Andrzej Sapkowski, que criou um universo inteiro compartilhado, em que Geralt é um dos protagonistas, ao lado da feiticeira Yennefer de Vengerberg e a garota Cirilla Fiona. Ele trabalha neste universo por meio de contos e romances desde 1986, quando encaminhou um conto para um concurso literário e ficou em terceiro lugar com sua história. Além dos livros, esta saga possui também jogos de videogame, que fizeram Geralt ficar conhecido fora da Polônia e uma série produzida pela Netflix estrelada pelo ator Henry Cavill. Nela, encontramos o protagonista já adulto, por isso a introdução constante nos livros é importante, pois vai nortear nossa conversa.

Hoje falaremos sobre o ministério de cada um de nós, e também das exigências que precisamos cumprir para receber as credenciais que nos habilitem a exercer as nossas funções eclesiásticas, enquanto estivermos na terra. Converso com muitos irmãos que claramente possuem um chamado pastoral, mas que enxergam nas regras e exigências para alcançar este objetivo apenas um trabalho desnecessário ou algo feito para agradar aos homens. A ideia destas pessoas é que o chamado foi dado por Deus, então não haveria nenhuma necessidade em cursar teologia por alguns anos e passar pelos procedimentos internos de cada denominação para conseguir ingressar numa carreira pastoral.

Certa vez, fui convidado por um amigo pastor a fazer uma visita na UTI de um hospital para orar por um filho de uma irmã de sua igreja que havia sido agredido em uma briga de torcidas. Eu só consegui entrar neste local bastante restrito por ter minha carteira pastoral. O rapaz, mesmo com um quadro muito delicado, saiu da UTI e do hospital semanas depois.

Sempre que alguém entra em contato comigo para uma palestra, pregação ou workshop, perguntam se eu sou pastor e qual é a minha igreja, o que eu acho corretíssimo. Desconfie de quem não presta contas de sua vida e ministério para ninguém.

O que eu quero dizer com tudo isso é que, da mesma forma como Geralt passou por longo e árduo treinamento em sua juventude, que o habilitou a se tornar um caçador de monstros, nós também precisamos nos submeter aos processos para crescer e servir melhor ao Reino de Deus.

O nosso chamado precisa ser confirmado pelos homens! Por isso, ore a Deus para saber se não chegou sua hora de cumprir estes requisitos e estar à disposição de seus pastores para ser uma bênção em sua geração. O tempo de estudo, que hoje parece muito longo, passará muito rápido e, no final das contas, dará acesso a lugares que você nem imagina hoje.

Pague o preço para alçar voos maiores e abençoar a humanidade nestes dias que vivemos!

Curiosidade
O autor dos livros não quis participar da produção dos jogos de videogame por achar que seriam um fracasso. Por isso, recebeu os direitos do personagem de uma só vez, sem participar dos lucros milionários da franquia.

Dia 50

Game of Thrones

"Esforce-se para saber bem como suas ovelhas estão, dê cuidadosa atenção aos seus rebanhos, pois as riquezas não duram para sempre, e nada garante que a coroa passe de uma geração a outra." Provérbios 27:23,24

A série *Game of Thrones*, baseada na série de livros de George R.R. Martin, foi produzida pela HBO entre 2011 e 2019, totalizando oito temporadas. Precisamos falar dela, pois quebrou muitos recordes e recebeu muitos prêmios, como, por exemplo, 59 *Emmys*, sendo recordista desta premiação. Além disso, possui uma das maiores notas entre os telespectadores, em suas temporadas iniciais.

A trama se passa em Westeros, um grande território dividido em Sete Reinos, governados por sete grandes casas que disputam o controle da capital, onde está localizado o cobiçado Trono de Ferro. Guerras são travadas, alianças são estabelecidas, traições acontecem, inocentes morrem no meio das batalhas, tudo pela ambição desmedida em governar sobre os demais. Quem está no poder fará o que for preciso para lá permanecer e quem não está fará o mesmo para alcançar seu objetivo.

É interessante perceber, ao final da história, que tanta luta, morte e sangue derramado simplesmente não compensaram, pois todos os princípios morais e códigos de ética foram quebrados para chegar ao lugar almejado. Afinal, vale deter algum poder, mesmo que isso signifique destruir a capital e matar todos os habitantes no caminho até a sala do trono?

Neste sentido, podemos aprender um princípio poderoso a partir da cobiça de todos os aspirantes ao trono de Westeros. A ideia central é que o poder corrompe como um veneno que contamina gradualmente a alma de quem o possui. Uma máxima geralmente atribuída ao presidente americano Abraham Lincoln, mas que não existem provas de que a tenha dito, é a seguinte: *"Se quiser pôr à prova o caráter de um homem, dê-lhe poder."*

É claro que o que está em jogo em nossas vidas não é o Trono para Sete Grandes Reinos, mas, mesmo assim, todos passamos por dilemas em relação ao poder, em diferentes níveis. Conheço pessoas maravilhosas que, quando receberam uma promoção no trabalho, transformaram-se em autoritárias que não conseguiram mais se relacionar com os colegas como antes, em virtude de sua nova posição. Infelizmente, já presenciei o mesmo dentro da igreja, quando algumas pessoas recebem títulos ou cargos de liderança e mudam da água para o vinho com os demais.

A tentação do poder está presente na vida de todos nós e precisamos estar preparados para não sucumbir diante dela. A chave para uma vida bem sucedida em todas as áreas é trabalharmos como se o próprio Deus fosse nosso chefe ou líder, conforme Colossenses 3:23 nos diz. Quando formos fiéis no pouco, estaremos habilitados a receber mais de Deus em todas as áreas de nossas vidas. Para isso, precisamos de um coração humilde que não se orgulhe de títulos e cargos que venhamos a receber ao longo da vida.

O texto base de hoje fala a respeito das incertezas possíveis em nosso futuro. Por mais que façamos nossa parte, seja com relação às finanças, seja no cuidado com a dinastia no caso dos reis, não existe a certeza absoluta de que as coisas sairão como planejado. Compreendo este texto a partir de uma vida simples e humilde, que entrega as incertezas da vida nas mãos de um Deus verdadeiramente poderoso.

O que fazemos com o poder em nossas mãos revela muito sobre quem somos. Nos últimos tempos, temos visto, em diversos pontos do país, as famosas "carteiradas" de pessoas com cargos de destaque que humilham trabalhadores com a famosa pergunta: "-Você sabe com quem está falando?". Quer outro exemplo? A troca de farpas em redes sociais acontece, em grande medida, porque as pessoas acham que têm razão em tudo, estão sempre certas e são especialistas em todos os assuntos. Mesmo sendo uma mentira, muitos acreditam que, para ser um especialista, basta acompanhar o que as redes sociais e os influenciadores preferidos dizem todos os dias.

Abrir mão das insígnias de poder é um sinal de controle e maturidade. A humildade deve ser nossa principal referência. Que possamos realizar grandes obras em nossa geração, não por nossa causa, mas por Aquele que possui, de fato, todo o Poder, e está assentado em um trono para todo o sempre!

Curiosidade

A Rainha Elizabeth II visitou o set de filmagens de Game of Thrones em 2016, na Irlanda do Norte. Apesar do contato com o Trono de Ferro, ela não se assentou no trono pois há uma antiga norma que proíbe a monarca da Inglaterra de se assentar em tronos estrangeiros. Ainda que, neste caso, seja apenas um trono fictício!

Dia 51

Watchmen

"Nesta nova vida já não há diferença entre grego e judeu, circunciso e incircunciso, bárbaro e cita, escravo e livre, mas Cristo é tudo e está em todos." Colossenses 3:11

Watchmen, a HQ escrita por Alan Moore e ilustrada por Dave Gibbons, foi publicada originalmente em doze edições entre os anos de 1986 e 1987, considerada um clássico instantâneo dos quadrinhos. Esta constatação pode ser explicada pelo roteiro complexo, arcos dramáticos desenvolvidos para os personagens, contemporaneidade dos assuntos tratados ou ainda pela maneira magistral como Gibbons dá vida ao roteiro de Moore por meio de seus desenhos. Esta HQ foi responsável, junto com outros títulos do período, a trazer os adultos para este universo, que até então era dominado pelo público infanto juvenil.

Os eventos da série de TV acontecem 34 anos após o final da HQ, retomando os personagens que sobreviveram e o impacto que tiveram na sociedade, para o bem ou para o mal. O palco para a trama é a cidade de Tulsa, no estado americano de Oklahoma, onde um grupo supremacista branco chamado de *Seventh Kavalry* (Sétima Cavalaria) ataca minorias por anos seguidos. O grupo se inspira nos escritos de um dos vigilantes do passado, chamado Rorschach. Em 2016, na véspera de Natal, o grupo atacou a casa de cerca de 40 oficiais da polícia local, em um evento conhecido como "Noite Branca". Dos policiais que sobreviveram ao ataque, apenas dois permaneceram na corporação: Angela Abar e Judd Crawford, seu superior. Como medida para tentar impedir que policiais fossem atacados em suas casas novamente, a lei passou a permitir que os agentes usassem máscaras e criassem codinomes para preservar suas identidades. Em uma era sem super heróis atuantes, os policiais sem poderes assumem codinomes secretos.

A série foi transmitida originalmente pela HBO em 2019, tendo apenas uma temporada com nove episódios, e foi criada por Damon Lindelof, que tem no currículo de showrunner séries como *Lost* e *The Leftovers*. O programa ganhou quatro *Emmys*, entre vários outros prêmios. Como *Watchmen* possui apenas uma temporada, sem previsão para uma continuação até o momento, estes prêmios são muito expressivos.

Quero aproveitar a série deste dia para abordar um assunto que, infelizmente, tem escalado nos últimos anos, não apenas nos Estados Unidos, mas no mundo todo: o racismo.

Uma rápida pesquisa na Internet mostra o evidente crescimento de grupos supremacistas em nossos dias. O discurso é absurdo, as intenções nefastas e completamente descabidas em qualquer contexto, cabendo apenas uma denúncia às autoridades, caso tenhamos qualquer tipo de contato. O grande detalhe destes movimentos, que nos traz muita tristeza, é que em meio a um discurso doentio, encontraremos referências bíblicas distorcidas e fora de contexto. É de causar espanto que grupos de extrema direita ao redor do mundo utilizem em sua narrativa a fé cristã para justificar seus ataques a grupos muito bem delimitados. O uso criminoso da Bíblia para disseminar o ódio e o preconceito não é novidade mas, infelizmente, tem sido uma constante desde a fundação de grupos como a Ku Klux Klan, por exemplo. A partir desta discussão, gostaria de destacar dois pontos principais:

Em primeiro lugar, qualquer forma de discriminação contra pessoas, como aponta o texto base de hoje, é um absurdo e deve ser combatida pela verdadeira igreja de Cristo. A principal arma contra a ignorância é o conhecimento. Por esta razão, precisamos abordar este e outros assuntos em nossas programações, para que os absurdos do passado não continuem se repetindo em nosso presente;

Em segundo lugar, a má interpretação das Escrituras tem causado muitos estragos há séculos nas sociedades ocidentais. Não temos o controle de como pessoas com visões distorcidas da realidade lerão a nossa Bíblia, mas temos o dever de deixar nosso posicionamento muito claro perante a sociedade, para que a cosmovisão demoníaca de um pequeno grupo não seja nem sutilmente nem abertamente impregnada em toda a cristandade.

Este é um desafio de nosso tempo e não podemos nos calar diante dele! Segundo Martin Luther King Jr., o que deve nos preocupar não é o barulho dos maus, mas sim o silêncio dos bons.

Curiosidade
Wacthmen teve outra adaptação, mas para o cinema: um filme dirigido por Zack Snyder em 2009.

Dia 52

Two and a Half Men

"Neste assunto, ninguém prejudique a seu irmão nem dele se aproveite. O Senhor castigará todas essas práticas, como já lhes dissemos e asseguramos." 1 Tessalonicenses 4:6

Charles Francis Harper ganha a vida fazendo jingles para empresas, compondo as canções no piano de sua casa em frente ao mar de Malibu. Um solteirão com bastante tempo livre para investir em mulheres e bebidas. Tudo muda na vida de Charlie, como é conhecido, quando seu irmão Alan e seu sobrinho Jake, pedem para ficar um tempo em sua casa, após o divórcio de Alan. Ele aceita o pedido temporariamente, mas o temporário se transforma em definitivo e eles passam a morar em sua casa permanentemente.

Após a aparente morte de Charlie, durante uma viagem a Paris com sua vizinha Rose, em que é atropelado "acidentalmente" por um trem, após ter sido pego em flagrante por Rose com outra mulher, a casa é vendida. Quem a compra é o milionário da Internet, Walden Schmidt, e Alan, mesmo sem conhecê-lo, implora para continuar no local com seu filho. Ele, de maneira bastante improvável, acaba aceitando a presença da dupla que continua morando na casa, mesmo após a mudança do dono.

Este é o enredo de *Two and a Half Men*, ou *Dois homens e meio*, se preferir, série criada por um dos grandes produtores de comédia da atualidade, Chuck Lorre, responsável por *The Big Bang Theory, Mom, Mike and Molly, Young Sheldon, O Método Kominsky*, entre outras. A série teve ao todo doze temporadas, entre 2003 e 2015, sendo indicada para 46 prêmios *Emmy* e tendo ganho nove deles. O grande trunfo da série estava no fato de o personagem Charlie Harper ser muito parecido com o ator que o interpretava, Charlie Sheen. Neste sentido, quando houve a troca dos protagonistas, a partir da nona temporada, devido a um desentendimento entre o ator e a produção, os índices de audiência caíram drasticamente.

Neste dia gostaria de conversar com vocês sobre um assunto muito desagradável, dependendo de como você se encaixa nesta equação. Vamos falar sobre pessoas dependentes. Alan, mesmo tendo um emprego e condições para ter uma vida própria, preferia viver às custas de outra pessoa, seja seu irmão Charlie, seja o comprador da casa, Walden. A vida adulta traz uma série de responsabilidades que muitos não querem assumir em nossos dias. Não são poucos os jovens adultos que, mesmo tendo condições emocionais e financeiras para saírem da casa dos pais, lá permanecem por pura comodidade e facilidade.

Obter a sua independência faz parte de nosso crescimento em todas as áreas. Marcos 10:7 diz: *"Por esta razão, o homem deixará pai e mãe e se unirá à sua mulher"*. Neste sentido, deixar pai e mãe faz parte do processo de crescimento pessoal, como um rito de passagem para a vida adulta que nos libera para formarmos o nosso próprio núcleo familiar.

Poderíamos falar também sobre dependentes emocionais, que precisam de encorajamento contínuo ou que possuem uma autoestima tão baixa que se submetem a relacionamentos claramente abusivos, pelo medo de ficarem sozinhos ou sozinhas. Mas este é assunto para outro devocional.

Quero destacar ainda os dependentes espirituais. Cristãos que não conseguem caminhar com as próprias pernas, mesmo fazendo parte do Corpo de Cristo, e tendo tempo suficiente para aprender os princípios elementares das Escrituras. Eles dependem de seu pastor ou líder para tudo e não conseguem construir uma vida de intimidade e um relacionamento verdadeiro com o Senhor. A liderança pode até mudar, mas a dependência continuará com quem vier depois.

Porém, não fomos chamados para sermos crianças espirituais para sempre. Precisamos crescer no Reino! Não podemos confundir o conceito de honra aos nossos líderes com uma dependência infantilizada. Escolha crescer em todas as áreas de sua vida! Por mais assustador que pareça a princípio, esta importante decisão mostrará que você é capaz e te habilitará a ser responsável por uma família, em sua vida pessoal, ou mesmo um líder eficaz em sua vida cristã.

Curiosidade
O nome de Charlie Harper é uma homenagem a Charles Harper Yates, um amigo do produtor Chuck Lorre, que trabalhou com ele na série Dharma & Greg.

Dia 53

Eu, a Patroa e as Crianças

"Se vocês não são disciplinados, e a disciplina é para todos os filhos, então vocês não são filhos legítimos, mas sim ilegítimos. Além disso, tínhamos pais humanos que nos disciplinavam, e nós os respeitávamos. Quanto mais devemos submeter-nos ao Pai dos espíritos, para assim vivermos!" Hebreus 12:8,9

Michael Richard Kyle é casado com Janet Marie Kyle e o casal possui três filhos, Michael Kyle Júnior, Claire e a caçula Kady. Ele é o dono de uma empresa de caminhões e acompanhamos as aventuras de uma família de classe média, que usa o humor para superar os desafios do dia a dia. Mesmo com seu método moderno de ensinar os filhos e de se relacionar com sua esposa, é perceptível o amor dos pais pelos filhos, mesmo que eles não compreendam este amor o tempo todo.

A série *My Wife And Kids* e traduzida muito bem como *Eu, a Patroa e as Crianças* foi transmitida originalmente entre os anos de 2001 e 2005, ao longo de cinco temporadas. É um programa muito querido pelo público brasileiro tendo em vista os altos índices de audiência, mesmo depois de quinze anos de seu encerramento.

Um dos meus momentos preferidos na série é quando um dos filhos pede algo a Michael e ele diz um sonoro e característico: "- *Ehhhhhhhhhhh, NÃO!*". Não me recordo de um episódio em que ele não tenha dito este bordão para um de seus filhos ao menos uma vez! Desta forma, temos dois ingredientes que resultarão no devocional de hoje: o amor de um pai para com seus filhos e o reflexo desse amor, que é a disciplina, ao não dar tudo o que eles pedem. A partir destes elementos, gostaria de abordar dois pontos importantes para a nossa jornada diária.

Em primeiro lugar, precisamos aprender a dizer não quando for necessário. Como professor da disciplina de Autogestão e Desenvolvimento Pessoal, realizei uma pesquisa em que 80% dos alunos disseram que continuam aceitando novos compromissos, mesmo que não tenham mais tempo em suas agendas. A razão para este índice é o medo do que o anfitrião vai pensar se a resposta ao convite for negativa. Conforme nos tornamos mais experientes, e as fronteiras de nosso mundo são ampliadas, devemos ter consciência de que as 24 horas de cada dia precisam ser suficientes para realizar as tarefas importantes. Não existe tempo disponível para fazer tudo o que queremos, e por isso, precisamos de planejamento e cuidado na organização de nossas atividades profissionais, pessoais e ministeriais. Entenda que dizer sim para alguém hoje, mas deixar de honrar o compromisso assumido por falta de tempo, será muito pior para este relacionamento do que dizer não logo no início.

Em segundo lugar, confesso que a paternidade em minha vida foi algo que mudou, de maneira profunda, minha percepção sobre Deus. Vivemos em um paradoxo constante entre tentar fazer de tudo para agradar nossos filhos, ao mesmo tempo em que precisamos ensiná-los que não podemos ter tudo o que desejamos. Tenho acompanhado esta discussão, por fazer parte dela, como pai do Joshua, além de conversar com pais e mães em nossas palestras pelo Brasil. Especialistas apontam para desvios de caráter em adolescentes e jovens nas interações sociais, em grande medida, pela falta de limites dentro de suas casas. Pais jovens que vieram de lares desestruturados, de maneira geral, não saberão impor limites aos filhos. Precisamos compreender que, se não dissermos não a eles, a vida se encarregará de dizer, mas não com o amor e carinho que temos por nossos filhos. De forma similar, o texto base de hoje mostra que não sermos repreendidos por Deus tem um significado terrível em nossas vidas. Apenas um Pai Amoroso nos disciplina, para que não venhamos a nos machucar em nossa jornada. Este é um dos princípios de nossa filiação legítima em Deus.

Precisamos tomar cuidado com mensagens que apenas massageiam nosso ego e centram o universo ao nosso entorno, pois elas estão baseadas em uma cosmovisão antropocêntrica, centrada no homem. Por isso, é importante lermos toda a Bíblia, ao invés de dependermos apenas das porções pregadas em nossos cultos. Precisamos de confronto e de desafios para mudar nossa mentalidade e crescermos, não como filhos mimados e infantis, mas como aqueles que compreendem seu papel no mundo. Estas pessoas aprenderam a enxergar cada negativa ou dificuldade como degraus para um novo nível de compreensão e intimidade com Deus. Você é uma destas pessoas?

> **Curiosidade**
> Michael Kyle foi considerado o vigésimo sétimo melhor pai dos EUA em um ranking feito com personagens da TV.

Dia 54

Um Maluco no Pedaço

"Todos recebemos da sua plenitude, graça sobre graça." João 1:16

Will é um garoto pobre na periferia da Filadélfia que, após uma briga com usuários de entorpecentes, acaba se mudando para a mansão de seus tios, a pedido de sua mãe, que fica num bairro nobre da cidade de Los Angeles. O abismo social entre ele e seus parentes ricos rende muitas situações engraçadas. No início desta nova experiência, percebemos que a adaptação foi muito difícil, devido a toda a bagagem cultural que ele trouxe consigo. Mas, aos poucos, ele começa a aceitar a mudança e procura ter um comportamento adequado à sua nova condição, o que rende, mais uma vez, situações hilárias com a garantia de excelentes risadas.

Um Maluco no Pedaço ou *The Fresh Prince of Bel-Air*, no original, foi um seriado com seis temporadas originalmente transmitidas entre 1990 e 1996. A série é conhecida por revelar o ator Will Smith, em seu primeiro trabalho como protagonista, ainda na TV.

Esta mudança de endereço do personagem, da periferia de uma cidade para o bairro nobre de outra, juntamente com a dificuldade em ser aceito e se adaptar a esta nova realidade, pode ser o elemento que precisamos para compor o devocional de hoje. Já tratei em outros momentos a questão de sermos bons mordomos de tudo o que recebemos de Deus, conforme está escrito em 1 Coríntios 4:2, que diz:

"O que se requer destes encarregados é que sejam fiéis."

Geralmente pensamos nesta questão como o cuidado de bens materiais, como carros e casas, mas acredito que este texto transcende para muito mais além desta área. A nossa vida espiritual também precisa de cuidados e de fidelidade para com Deus.

Temos acesso a muitas bênçãos espirituais em nossa jornada, e a analogia de Will em uma mansão, tendo dificuldade para se adaptar a esta nova realidade, tem uma grande semelhança com a maneira como lidamos com a nossa vida espiritual.

No texto base de hoje, o autor da carta aos hebreus, nos diz que todos nós recebemos da plenitude de Cristo, quando O aceitamos como Senhor e Salvador. Isso com absoluta certeza, não é pouca coisa! Gostaria de desenvolver nossa reflexão de hoje a partir de duas perguntas muito importantes:

Pergunta nº 1: Se a Palavra está correta, e ela sempre está, qual a razão para a grande maioria dos cristãos não viver esta plenitude na prática? Uma boa pergunta que precisa de uma boa resposta. O processo de adaptação à realidade do Reino, que é espiritual e não terreno, leva tempo, como quando Will chegou ao bairro de *Bel-Air*. Como ele, não temos a "etiqueta" necessária para conviver em meio a esta riqueza. Por esta razão, precisamos de pessoas que estejam nesta vida há mais tempo, para nos ensinar os caminhos e o que devemos fazer neste novo ambiente. Precisamos da ajuda de irmãos e irmãs em Cristo que nos mostrem o caminho na prática, e que tenham paciência com os novos na fé. Por falar nela, a fé é o verdadeiro combustível que nos move em direção a uma vida pautada no sobrenatural.

Pergunta nº2: Como podemos aumentar a nossa fé para viver a plenitude concedida a nós por Jesus? A partir de dois elementos primordiais para qualquer um que se intitule cristão: a Palavra de Deus e nossas experiências com Ele. Mergulhar nas Escrituras fortalece nossa fé, por acompanharmos o que Deus fez ao longo da História de Israel e da Igreja Primitiva. Os milagres e as experiências sobrenaturais aconteceram com homens e mulheres como nós, mas que fizeram escolhas que os colocaram no centro do projeto de Deus para suas respectivas gerações. Por outro lado, as experiências espirituais que tivermos, como cura de enfermidades, cura das emoções, vitória sobre vícios, domínio próprio, etc., nos ajudam a compreender o que Deus está fazendo em nosso presente. Esta somatória de fatores nos levará a uma ambientação com a atmosfera espiritual e assim viveremos a Plenitude do Reino!

Deus tem sempre algo muito melhor do que podemos sequer imaginar. Basta acreditarmos com nosso coração, mas também com a nossa razão. Muitos poderão nos enxergar como "Malucos no Pedaço", mas ninguém poderá tirar a alegria de ser um instrumento do Reino em nossa geração.

Curiosidade
Um dos elementos mais icônicos da série é a dança do personagem Carlton. Ela é baseada em um vídeo em que Bruce Springsteen e Courtney Cox dançam em um show do cantor.

Dia 55

Vikings

"E este evangelho do Reino será pregado em todo o mundo como testemunho a todas as nações, e então virá o fim." Mateus 24:14

As sagas nórdicas são amálgamas entre a tradição oral, lendas e registros históricos. Uma das sagas mais conhecidas é a protagonizada por Ragnar Lodbrok, um explorador que teria atacado os reinos que viriam a ser conhecidos como França e Inglaterra, séculos mais tarde. Este é um terreno muito pantanoso para os historiadores, pois, embora existam evidências históricas dos ataques vikings aos territórios inimigos, não é possível ter muitas certezas a respeito de Ragnar. O principal documento escandinavo sobre este período é o *Gesta Danorum*, escrito no século XIII. Encomendado a pedido da igreja, ele tenta construir uma história da Dinamarca e, por consequência, de toda a Escandinávia, desde sua pré-história até o final do século XII. O principal evento, que possui reverberação em diversos registros históricos, é o ataque viking à ilha inglesa *Lindisfarne*, ocorrido no ano de 793, que marca o início da chamada Era Viking.

Vikings é um seriado criado por Michael Hirst e transmitido por diversas redes de streaming, totalizando seis temporadas entre 2013 e 2020. A história acompanha a trajetória de Ragnar e sua família. No início, como um simples fazendeiro que ganha o respeito e a notoriedade de seus companheiros, pelos ataques bem-sucedidos que realiza contra territórios ingleses. A sua habilidade na guerra eventualmente o levará ao trono da Escandinávia. Ele conta com a ajuda de seu irmão Rollo, seu filho Bjorn Flanco de Ferro e suas esposas, a guerreira Lagertha e a princesa Aslaug.

Gostaria de aproveitar uma das séries de maior sucesso da Netflix na atualidade para abordar um assunto muito interessante e pouco discutido pelo público protestante em geral: o processo de evangelização dos povos não cristãos durante a Idade Média. Para isso, é importante voltarmos um pouco na história e compreendermos como se deu esta dinâmica entre os cristãos e os povos "pagãos". A assimilação do cristianismo pelo Império Romano, no século IV, criou um antagonismo entre a Igreja e os povos chamados "bárbaros", compreendido pelos grupos que não compartilhavam da cultura e da estrutura política dos romanos.

Com o enfraquecimento da unidade imperial, migrações destes povos estrangeiros começaram a acontecer, fragmentando o poder e decretando o fim do Império Romano. Essas migrações ocorreram, de maneira geral, com muita violência e mudaram a organização política deste Ocidente Mediterrâneo. Mas, apesar de tudo isso, a igreja permaneceu, e foi conectando os povos que ocuparam os territórios à fé cristã.

Como haviam muitos povos que ainda não haviam recebido a Mensagem da Cruz, percebemos que aconteceram várias tentativas para evangelizar os povos não cristãos durante toda a Idade Média.

As iniciativas neste período, em especial nos primeiros séculos, partiram muito mais de indivíduos do que de uma investida organizada e patrocinada pela igreja. Estes homens abriram mão de tudo para falar sobre Deus a povos que O desconheciam. Na Escandinávia, temos os registros de um jovem missionário chamado Ansgar que, com seu próprio dinheiro, comprou homens que estavam em estado de escravidão e com eles montou sua equipe de evangelistas. Começando na Dinamarca, onde foi perseguido, chegou até a Suécia, ao mesmo tempo em que os saques e incursões vikings registrados na série aconteciam. Este jovem mostra como foi o processo lento e progressivo de assimilação da cultura cristã que substituiu a ritualística viking. Embora a aceitação da fé cristã por parte dos reis e da nobreza local tenha ocorrido, para que esta mentalidade alcançasse a população, levou muito mais tempo. Escavações arqueológicas apontam para funerais com elementos cristãos, como a cruz por exemplo, cerca de dois séculos após o início da cristianização destes territórios.

Resolvi escrever um Devocional mais "histórico" para vocês hoje, exemplificando como o texto base de hoje deve ser o motor que move a igreja de Cristo para cumprir sua missão e seu chamado na terra. Não importa se os Vikings eram conhecidos como o "terror do norte", o Deus de Ansgar é muito mais poderoso que o deus do trovão Thor! Ao retornar de sua missão, ele se tornou bispo da Igreja cristã.

Depois de conhecer a história deste jovem, qual é mesmo sua dificuldade em falar sobre o Deus que você serve?

Curiosidade

A atriz Katheryn Winnick, a Lagertha da série, já trabalhou como guarda-costas e é uma lutadora premiada em Taekwondo e Karatê.

Dia 56

Ozark

"O homem lhe perguntou: 'Qual é o seu nome?' 'Jacó', respondeu ele. Então disse o homem: 'Seu nome não será mais Jacó, mas sim Israel, porque você lutou com Deus e com homens e venceu'". Gênesis 32:27,28

Marty Byrde é um planejador de finanças, casado com Wendy e tem um casal de filhos, Charlotte e Jonah. Eles levam uma aparente vida comum na periferia de Chicago, quando subitamente mudam para uma comunidade situada em Montes Ozark, no estado do Missouri. Após um negócio fracassado em lavagem de dinheiro para um cartel mexicano, o planejador fica em débito com o chefe do cartel, e precisa quitar esta dívida cometendo crimes fiscais sucessivos. Marty arrasta sua família inteira para um mundo de caos e violência por se associar com criminosos de diversos segmentos.

Esta é a trama inicial de *Ozark*, série criada por Bill Dubuque para a Netflix. Estreou em 2017, com final previsto para 2021 em sua quarta temporada. Muito elogiada pela crítica e pelo público, teve um total de 18 indicações em 2020 para o prêmio *Emmy*, tendo vencido na categoria de melhor atriz coadjuvante para Julia Gardner, no papel de Ruth Langmore. Ela foi uma das poucas atrizes que venceu dois prêmios consecutivos interpretando o mesmo papel.

O casal protagonista da série são os atores Jason Bateman e Laura Linney. Bateman, que até então era conhecido por suas atuações em filmes de comédia, surpreendeu no papel de Marty Byrde, além de ser o diretor de alguns episódios, que lhe renderam diversas indicações nas premiações da TV americana.

Eu gostaria de aproveitar o trabalho do ator protagonista do programa para falar a respeito de um assunto muito sério e potencializado a partir da revolução digital: estereótipos. Da mesma forma como o trabalho de Bateman estava estereotipado como um humorista, ele mostrou em *Ozark* que era muito mais do que isso, arrebatando crítica e público.

Precisamos tomar muito cuidado para não colocar rótulos nas pessoas. Esta prática, infelizmente comum em nossos dias, acontece, de maneira geral, de duas formas que eu gostaria de apresentar-lhe no dia de hoje.

Em primeiro lugar, rotulamos grupos. Experiências negativas com pessoas que se definem de alguma forma, ou se enquadram em determinado grupo, automaticamente nos levam a considerar que todas as pessoas que se definem da mesma forma são iguais a esta que nos fez mal. Por exemplo, aqueles que tiveram relacionamentos fracassados no passado têm a tendência em acreditar que qualquer pessoa que conhecerem será semelhante ao relacionamento anterior. Grupos religiosos são estereotipados constantemente, como intolerantes, fanáticos, ignorantes, enfim, a lista é bastante extensa.

Em segundo lugar, temos a tendência de rotular indivíduos. Uma pessoa que tenha cometido erros no passado fica taxada como "um caso perdido", e que, portanto, não pode mudar de comportamento.

Para resolvermos o primeiro problema, é necessário compreender que grupos são compostos por pessoas únicas e, por isso, não podemos, de maneira nenhuma, generalizar e padronizar indivíduos tão diferentes em tantos aspectos uns dos outros.

Para o segundo desafio, o da tentação de rotular indivíduos, precisamos buscar em Deus a esperança e a fé na mudança genuína que existe em Cristo Jesus. O texto base de hoje aponta para a transformação que aconteceu na vida de Jacó, conhecido até o momento de seu encontro com Deus como um trapaceiro. O Criador de todas as coisas nos enxerga não através daquilo que somos no presente, mas a partir do que podemos nos tornar no futuro. Por isso Jacó sai daquele lugar com um novo nome, que representa uma nova identidade em sua vida!

Não temos o direito de rotular as pessoas, ao contrário, devemos orar para termos o olhar do Senhor, focado em um futuro no qual estas mudanças já aconteceram. Ao liberar palavras de bênção sobre elas, estamos, pela fé, aproximando uma possibilidade provável da realidade concreta.

Da mesma forma, não permita ser rotulado negativamente por ninguém! Olhe para a Cruz, arrependa-se dos erros cometidos e tenha o mesmo encontro que Jacó teve com Deus, no secreto de seu quarto.

Curiosidade
A letra "O" do logotipo da série possui 4 símbolos que indicam elementos que se relacionam com o conteúdo de cada capítulo! Easter Egg que chama, não é mesmo?

Dia 57

Twin Peaks

"Mas Deus escolheu as coisas loucas do mundo para envergonhar os sábios, e escolheu as coisas fracas do mundo para envergonhar as fortes." 1 Coríntios 1:27

Programas para TV são obras de arte complexas, compostas por inúmeros elementos que a definirão como um programa bom ou ruim. Direção, roteiro, figurino, trilha sonora, fotografia, atores protagonistas, antagonistas e coadjuvantes, são apenas alguns destes elementos que são construídos para qualquer série que procura contar uma boa história. Existem padrões que ajudam a definir determinado seriado a partir destes elementos. Séries de suspense apresentam uma fotografia com tonalidade semelhante, sem cores vivas, com muita neblina, dias nublados, coloração fria ou morna. Séries adolescentes possuem roteiros bastante semelhantes, em geral retratando um colégio como elemento muito importante para a história. Séries de ficção científica usam e abusam de efeitos especiais e figurinos específicos. Poderíamos continuar esta lista quase que indefinidamente pelos diversos detalhes de cada tipo de série existente.

Esta introdução levemente técnica sobre a produção televisiva é necessária para falarmos de nosso objeto de estudo de hoje. Uma série que simplesmente não se encaixa em nenhum gênero ou subgênero, mas se apresenta como um compilado de muitos deles. O resultado deste projeto o transformou em um clássico reverenciado até hoje por sua ousadia e originalidade, ainda mais porque as produções televisivas são padronizadas na maior parte do tempo, seguindo regras muito bem estabelecidas com limites criativos delimitados pela crítica e pelo público.

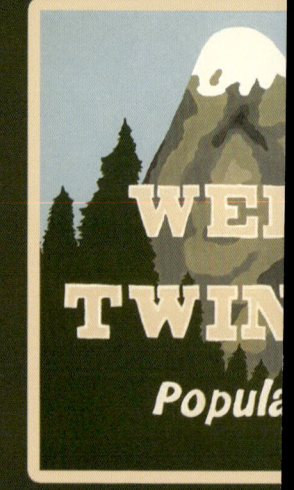

Estamos falando sobre *Twin Peaks*, criada pela dupla Mark Frost e David Lynch, com duas temporadas entre 1990 e 1991. Em 2017, a série foi retomada com muitos dos atores da franquia original, em mais 18 episódios. A trama gira em torno da morte da colegial Laura Palmer, evento este que traz o agente do FBI Dale Cooper até a cidade fictícia de *Twin Peaks* no estado de Washington. A partir deste momento, o enredo se transforma em uma história complexa, com personagens estranhos e bizarros, com subtramas repletas de novos mistérios que levou a América inteira a se perguntar constantemente: "Quem matou Laura Palmer?" Antes da Internet massificada que temos hoje, já se criavam teorias sobre quem seria o assassino da colegial. Todos os moradores eram obscuros e ocultos por uma vida secreta disfarçada pela vida pacata e familiar.

Tudo isso levou a série a ser um dos programas mais assistidos nos Estados Unidos durante a década de 90. Em 91, o lançamento da segunda temporada acabou por revelar, antes do tempo, o assassino da jovem. Isto fez com que o público perdesse o interesse nos episódios finais. A emissora que transmitia o programa mudou constantemente os dias e horários das transmissões, confundindo os espectadores, diminuindo ainda mais a audiência.

Quero aproveitar o exemplo de *Twin Peaks* como um ponto fora da curva, em sua originalidade, por não se apegar aos padrões existentes, para conversarmos sobre o papel do cristão em nossa sociedade. Servir a Deus é ver os modelos e padrões de comportamento adotados até o dia em que somos resgatados por Ele, virarem de cabeça para baixo. Aquele que mentia para se dar bem, agora precisa ser fiel à verdade; aquele que é ofendido, por causa do evangelho do Reino, não deve revidar, muito pelo contrário, deve oferecer a outra face. A impressão que tenho é de que a lógica do Reino de Deus funciona de maneira oposta ao sistema de governo do mundo em que vivemos. Por isso, o que a maioria faz não deve ser padrão para o nosso comportamento enquanto cristãos.

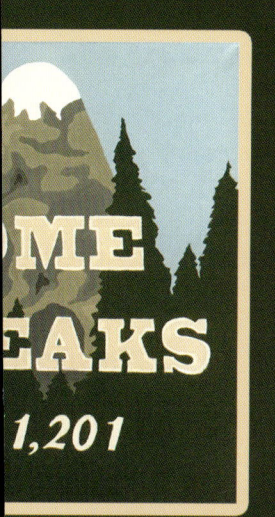

A nossa regra de fé é a Palavra de Deus e, conforme nosso texto base descreve, pessoas simples são instrumentos para confundir as complexas, e pessoas sábias para confundir as fortes. Tudo isso tem uma função fundamental descrita na continuação do texto bíblico: não permitir que a glória, que é devida a Deus, seja compartilhada por alguém que se ache capaz de cumprir seu chamado, por si mesmo. Nada acontece por nossa capacidade ou merecimento, mas tudo ocorre por Sua vontade, graça e misericórdia sobre nossas vidas! Se compreendermos que não existe espaço para comparações entre nós, poderemos trilhar a jornada que Deus tem preparado. Uma temporada de cada vez!

> **Curiosidade**
> Para que o segredo do assassino de Laura Palmer não vazasse para a imprensa, várias cenas da revelação foram gravadas e roteiros falsos foram distribuídos para despistar os atores e equipe.

Dia 58

Além da Imaginação

"Enquanto recolhiam a prata que tinha sido levada para o templo do Senhor, o sacerdote Hilquias encontrou o livro da Lei do Senhor que havia sido dado por meio de Moisés. Hilquias disse ao secretário Safã: 'Encontrei o livro da Lei no templo do Senhor'. E o entregou a Safã. [...] E acrescentou: 'O sacerdote Hilquias entregou-me um livro'. E Safã leu trechos do livro para o rei. Assim que o rei ouviu as palavras da Lei, rasgou suas vestes." 2 Crônicas 34: 14,15,18 e 19

O ano é 1957. Após a chamada Era de Ouro do rádio americano, que aconteceu nas décadas de 20 e 30 do século XX, muitos programas que faziam sucesso no rádio passaram a ser produzidos para a TV, que ainda era uma novidade tecnológica nesta época. Alguns anos antes, em 1955, o mestre do suspense e diretor de cinema já consagrado, Alfred Hitchcock, fazia um programa televisivo chamado "*Alfred Hitchcock Apresenta*". Nele, eram mostrados, pelo diretor, crimes singulares, o que lhe trouxe ainda mais visibilidade.

Devido ao sucesso deste tipo de programa, uma verdadeira herança da era do rádio, o roteirista Rod Serling atendeu a uma demanda da emissora CBS. A encomenda era produzir o roteiro de um programa piloto sobre ficção científica e suspense. Assim, ele escreveu "*The Time Element*", em 1957. O projeto não foi aceito, e acabou guardado nos cofres do canal. Este seria o fim da história, mas, em 1958, o produtor Bert Granet encontrou o roteiro, quando procurava algo de Serling para inserir no projeto em que trabalhava na época. Este seria o "nascimento" de *Twilight Zone* ("Além da Imaginação", no Brasil).

Uma descoberta aparentemente casual acabou dando vida a uma cultuada série, que tem resistido à prova do tempo. A sua primeira fase, digamos assim, aconteceu entre 1959 e 1964, com cinco temporadas no total. A segunda fase, durante a década de oitenta, aconteceu entre 1985 e 1989, com três temporadas. A terceira fase teve uma temporada com 44 episódios de trinta minutos cada, exibidos entre 2002 e 2003, narrados pelo ator Forest Whitaker. E, finalmente, uma nova fase do seriado aconteceu entre 2019 e 2020, trazendo Jordan Peele, cineasta de *Corra!* (2017) e *Nós* (2019) na produção e apresentação dos episódios.

A série original (1959-1964) é, com absoluta certeza, uma das produções mais influentes da segunda metade do século XX. Nomes como Stephen King e Steven Spielberg declararam a influência do programa em suas produções. Por sinal, Spielberg criou a sua própria versão de *Twilight Zone*, com o nome de *Amazing Stories*, exibido entre 1985 e 1987. Além disso, os enredos dos episódios das temporadas clássicas inspiraram inúmeros filmes que conhecemos, como *Toy Story, Brinquedo Assassino, O Mentiroso*, entre muitos outros.

A forma como o episódio piloto da série foi esquecido nos cofres da emissora, e depois encontrado casualmente, trouxe à minha memória uma belíssima história de como os rolos de parte do Antigo Testamento foram encontrados durante uma grande reforma espiritual em Judá, durante o reinado do bom e jovem rei Josias. Os altares para deuses estrangeiros foram destruídos e recursos foram separados para a reorganização do Templo. Nesta grande obra, os rolos da Lei de Moisés foram encontrados e lidos para o rei. Ele ficou impressionado com este livro e colocou todo o povo para orar pela misericórdia divina, devido às suas transgressões, em especial pela idolatria descontrolada no reino.

Descobrir o Pentateuco gerou mudanças no Reino de Judá, por meio de quatro atitudes tomadas pelo rei Josias e compartilhadas com todo o povo. O que o rei fez:

1 - Leu as Escrituras;
2 - Comparou o que leu com a vida que seu povo levava;
3 - Compreendeu a necessidade de mudança e alinhamento;
4 - Chamou todo o povo ao arrependimento genuíno.

Essas atitudes trouxeram um avivamento espiritual para a nação! Como é maravilhoso ter a experiência de encontrar a Palavra de Deus. Constantemente nós também precisamos de uma reorganização espiritual em nossas vidas. Quando fazemos isso, reencontramos a Palavra que pode acabar esquecida em cofres escuros de nossa alma. Podemos carregá-la para todos os lugares onde formos, podemos ler e ouvi-la quando formos à igreja. Mas é fundamental viver o que lemos e ouvimos, além de comparar o nosso comportamento segundo o seu padrão de santidade. E também ter a mesma alegria do rei Josias a cada "encontro" com este livro genuinamente sobrenatural!

Curiosidade
As situações absurdas apresentadas nos episódios traziam uma grande metáfora sobre as questões da sociedade americana daquele período. Por exemplo, temas como a Guerra Fria eram tratados, levando os espectadores a refletirem sobre seu papel nesta sociedade.

Dia 59

Perdidos no Espaço

"O Filho do homem veio para salvar o que se havia perdido." Mateus 18:11

No distante ano de 1997, a humanidade sofre com a superpopulação e a terra está à beira do colapso. O Professor John Robinson, sua esposa Maureen e seus três filhos, Will, Penny e Judy, além do Major Don West, são escolhidos para viajar pelo espaço para estabelecer uma colônia no sistema *Alpha Centauri*. A partir desta colonização inicial, outros grupos serão enviados para que a humanidade tenha condições de sobreviver. Para alcançar seu objetivo, os tripulantes usam a nave batizada de Júpiter 2.

Tudo corria muito bem até que um espião de um país inimigo é enviado para sabotar a missão. O Doutor Zachary Smith reprograma o robô B9 para que ele destrua os sistemas de navegação, oito horas após seu lançamento. O seu plano funciona muito bem, mas ele não consegue sair da nave a tempo, decolando com a tripulação. Zachary agora é vítima de seu plano, e sofrerá as consequências do mal que criou. Ele resolve acordar a família que estava em hibernação suspensa, pelo tempo extremamente longo de viagem que teriam.

Sem navegação e sem sistemas de comunicação, com a nave muito avariada e muito distante da rota original, eles estão literalmente perdidos no espaço e precisam trabalhar juntos para encontrar seu caminho para casa.

Este é o enredo inicial de *Lost in Space*, série transmitida entre 1965 e 1968, com três temporadas ao todo. O programa foi encerrado numa tentativa de contenção de gastos da emissora, embora tenha sido um grande sucesso de público. A Netflix estreou um reboot da série em 2018, também com três temporadas, com conclusão prevista para 2021. Um fato muito interessante é que a base para a história original é um romance suíço de 1812 chamado *The Swiss Family Robinson*, escrito por Johann David Wyss. Neste livro, a família Robinson está em um navio que partiu da Suíça com destino à Austrália. Eles se refugiam no porão do navio durante uma forte tempestade, descobrindo, quando a tempestade passa, que toda a tripulação abandonou o navio durante a noite. A família se encontra sozinha diante de uma ilha tropical, que terão que explorar para sobreviver. Em ambos os casos, um evento externo tirou a família Robinson de seu plano original. Isso soa familiar para você?

Todos nós, em algum momento de nossas vidas, já estivemos perdidos. Talvez você que está lendo este texto ainda se sinta perdido ou perdida em sua jornada. e eu espero te ajudar neste dia! O nosso texto base revela a razão e o propósito de Jesus em seu ministério terreno. Ele abriu mão da glória do céu para caminhar entre nós, pois estávamos perdidos, sem esperança, sem um futuro, destinados à condenação eterna pelo preço do pecado.

A partir de um encontro pessoal com Ele, fomos resgatados de nossa rota rumo ao inferno e colocados novamente em direção à Eternidade com Deus, que era o plano original para a humanidade. Agora, não estamos mais perdidos! Temos um futuro e uma nova jornada que a tudo transforma. Vivemos de acordo com as Escrituras, amamos a Deus e ao nosso próximo, estamos inseridos em uma comunidade de colonizadores do céu chamada igreja.

Se esta for a nossa realidade, precisaremos apenas de pequenos ajustes em nossos sistemas de navegação espiritual, ao longo da vida, para não nos desviarmos de nosso propósito. Jesus deixa isso muito claro neste texto:

> "Respondeu Jesus: 'Quem já se banhou precisa apenas lavar os pés; todo o seu corpo está limpo.'"
> João 13:10a

Em navegação, uma ínfima mudança no curto prazo transforma-se em um grande desvio no futuro. Assim, analise constantemente seu coração e suas motivações, vivendo em arrependimento e buscando fazer diferença em sua geração.

Caso você não tenha passado por esta experiência ainda, o que falta para este encontro com o Amor em estado puro e absoluto? Visite uma igreja próxima a sua casa ou trabalho, ou ainda nos procure no direct do @parabolasgeek no Instagram. Será um prazer conversar com você sobre isso!

Curiosidade
Na série original, o robô que acompanha a família de exploradores é um equipamento de sobrevivência. No remake de 2018, ele é um alienígena.

Dia 60

Fargo

"Toda a Escritura é inspirada por Deus e útil para o ensino, para a repreensão, para a correção e para a prática a instrução na justiça." 2 Timóteo 3:16

Fargo é uma série de 2014 com quatro temporadas previstas, com expectativa de que a última estreie em 2021. Ela é baseada no filme de mesmo nome, dirigido pelos irmãos Coen, Joel e Ethan. A produção ganhou o Oscar de melhor Atriz para Frances McDormand e melhor Roteiro Original para os diretores. Assim como o filme, a série apresenta mistério, drama e pitadas de humor em suas temporadas. Uma constante no programa são assassinatos que ocorrem, em grande medida, por causa de planos horríveis que acabam fugindo completamente do controle de seus autores. O filme, por exemplo, conta a história do marido que planeja o sequestro da própria esposa, para que seu sogro, um homem muito rico, pague um resgate que o ajude a quitar suas dívidas.

A série usa esta premissa, sem organizar uma história contínua. Cada temporada conta uma história independente com pequenos elos de ligação entre si. Elas acontecem em épocas e lugares diferentes, com atores e personagens distintos. A primeira temporada se passa em 2006 nos estados de Minnesota e Dakota do Norte. A segunda acontece em 1979, na Dakota do sul, além dos estados anteriores. A terceira ocorre em 2010, em Minnesota.

Fargo foi criada por Noah Hawley, contando com a produção executiva dos irmãos Coen. Possui um elenco estelar em cada temporada, o que ajuda a explicar os diversos prêmios que recebeu, como os *Globos de Ouro* de melhor ator em 2015 e 2018, além de prêmios de melhor série.

No mundo das produções televisivas, este tipo de conteúdo é conhecido como uma antologia, e tem ganho muito espaço atualmente. Em um mundo tão dinâmico, muitos não conseguem ou não têm paciência para acompanhar por anos uma mesma série. Para estes, as temporadas independentes funcionam justamente por, ao final de cada ano, contarem uma história completa, sem precisar saber o que aconteceu antes, ou depois do que acabou de assistir.

Neste dia, gostaria usar a antologia de *Fargo* para falar sobre a produção da Bíblia.

Escrita ao longo de aproximadamente quinze séculos, por cerca de quarenta escritores, em localidades geográficas bastante distintas, a simples existência das Escrituras Sagradas é, por si só, um verdadeiro milagre. Os escritores dos livros tinham as mais diversas funções, possuindo ainda diferentes formações em diferentes culturas e, apesar de tudo isso, o texto conjunto é coeso e se conecta de maneira sobrenatural!

Todas essas evidências apontam para um Autor atemporal para esta História, pois seria impossível que a Bíblia fizesse o menor sentido apenas pelo compilado de textos coletados durante 1500 anos em lugares diversos. Por esta razão, podemos defender a inspiração divina como chave para a conexão entre os livros e testamentos da Palavra de Deus.

Esta inspiração pode ser compreendida a partir da harmonia do texto bíblico que, além de tudo o que foi dito antes, também possui diversos estilos literários em suas páginas. Ao analisarmos o texto, encontraremos outra pista de uma autoria única neste Livro: o tema central é um só! Toda a Bíblia, de Gênesis a Apocalipse, descreve a existência de um plano divino para redenção da humanidade perdida pelo pecado do Éden. O que lemos em cada um dos 66 livros é a revelação progressiva deste plano, que traria um Salvador ou Mediador para ser o sacrifício perfeito pela remissão dos pecados do homem.

Acompanhamos, no Antigo Testamento, o desenvolvimento de um sistema sacrificial que apontava para o sacrifício deste Salvador. Além disso, reis que se levantaram como sombras do verdadeiro Rei que governará sobre toda a terra, além dos profetas que nos avisaram sobre a vinda próxima do Messias. O Novo Testamento revela o ministério de Jesus e podemos ter absoluta certeza de que Ele é o cumprimento das promessas feitas no passado!

Desde o fim de Apocalipse, não precisamos de novos textos, pois o que Deus nos deixou é suficiente em Sua Palavra. O que estamos construindo é uma nova história, ao longo de dois mil anos, e que durará até Seu glorioso retorno, não como Servo, mas como Rei! Eu e você fazemos parte do agir de Deus em nossa geração. Este é o nosso maior privilégio, e nossa maior responsabilidade.

Curiosidade
Embora o filme indique que é baseado em fatos reais, os irmãos Coen revelaram, no aniversário de 20 anos do filme, em 2016, que eles criaram toda a história, que encontra paralelo no mundo real, pois existem casos de assassinato, sequestro e extorsão.

Palavras finais

Em primeiro lugar, quero parabenizar você por ter concluído esta jornada comigo pelos últimos 60 dias! Eu espero que você tenha aprendido muitas coisas sobre teologia e cristianismo neste período.

A nossa vida é como uma grande série de muitas temporadas. Em alguns momentos teremos acontecimentos bombásticos e "*plot twists*" incríveis. Em outras ocasiões, teremos temporadas sem muita emoção, onde tudo o que precisamos fazer é continuar até o fim da temporada para compreender o que vem depois. Em qualquer situação, precisamos nos lembrar de que o grande roteirista de nossas vidas tem uma belíssima história, digna de *Emmy* ou *Globo de Ouro*, escrita para cada um de nós!

Nossa tarefa nesta grande série chamada vida é ler o roteiro na Palavra de Deus e seguir o nosso papel em cumprir a missão de fazer a diferença em nossa geração. O melhor de tudo isso é descobrirmos que não estamos atuando em um monólogo, mas temos um grande elenco disponível para nos ajudar nesta missão: a igreja de Cristo na terra.

Foi um grande prazer concluir esta quinta obra de devocionais temáticos, iniciada com a série 40 Dias, especialmente com você que me acompanha desde o primeiro volume. Afinal, acredito que já somos amigos de jornada! Para quem está iniciando neste livro, gostaria de dizer que foi uma grande honra acompanhá-lo em sua primeira inserção pela cultura pop e cristianismo. Que você possa continuar conosco nos demais livros e nos próximos que estamos escrevendo neste exato momento em que você lê estas palavras.

A Deus toda a honra e glória!
Ele é o merecedor de todo o nosso louvor!

Um grande abraço,
Eduardo Medeiros

60 DIAS NO MUNDO DAS SÉRIES

ARQUIVO SECRETO

Desvendando uma série de fatos sobre as séries

Os seriados fazem muito sucesso atualmente, seja diretamente na televisão ou nas plataformas de streaming. Mas, o que são as séries, afinal de contas? Será que elas realmente começaram como um grande filme que foi dividido em vários pedaços? Ou será que os produtores sempre pensaram que seria uma boa ter um roteiro inacabado e desenvolver a história com o tempo, para aumentar o suspense?

Para responder a estas questões, podemos propor a origem do que seriam as séries de TV já no século XIX, quando um determinado público se reunia para ouvir alguém contando uma história, que era chamada de folhetim. Os folhetins eram pequenos capítulos de uma história, que eram publicadas em jornais, panfletos ou livretos, sendo comercializados diariamente. Então, com a popularização do rádio, essas histórias ganharam sons e diferentes vozes para os seus personagens, com dramatizações sonoras. Esse veículo perdeu o seu espaço com o surgimento da televisão que, aliando o som às imagens, passou a produzir diversos tipos inéditos de programas.

O seriado, ou uma série, é uma narrativa que é contada a seu público por meio de capítulos, que são planejados em temporadas e distribuídos parcialmente para o público, geralmente semanalmente ou, até mesmo, temporadas inteiras de uma vez via streaming. A proposta é manter a audiência da história e o suspense ao não completar um arco, nem que seja por poucos minutos. Não vamos confundir o conceito com as telenovelas, que possuem capítulos diários por meses a fio e não têm a possibilidade de recorrência como os seriados. As séries podem ter anos de histórias, várias temporadas, novos arcos, tudo varia com a audiência e aderência do público em relação à história que é contada.

DÉCADA DE 50

É quase consenso que a primeira série de TV de grande sucesso foi *I Love Lucy*, série americana que estreou em 1951 pela CBS. Porém, como muitos sabem, os americanos gostam de estar à frente de tudo, não é mesmo, Santos Dumont? Mas foi no berço do rock, na Inglaterra, que estreou na TV, de fato, o primeiro seriado, em 1946, chamado de Pinwright's Progress, com seus treze episódios contando a história de J. Pinwright, um gerente da loja Macgillygally's, que enfrentava várias dificuldades colocadas pelos funcionários e inimigos.

I Love Lucy ganhou um destaque especial na história pois tornou-se um marco na TV mundial, com 194 episódios, sendo a primeira série que realmente conseguiu uma grande audiência e, de quebra, consagrou o formato das sitcoms. A palavra sitcom é uma abreviação da expressão inglesa "situation comedy", ou numa tradução livre, "a comédia de situação", em que personagens e ambientes comuns, como família, grupo de amigos e ambiente de trabalho vivem situações encenadas com humor e leveza.

> No Brasil, a primeira série de TV começou também na década de 1950, com o grande Chacrinha, o ator Abelardo Barbosa, que estreou a série *Rancho Alegre*, um seriado humorístico que permaneceu quatro anos no ar. Já em 1952, estrearia a adaptação de Monteiro Lobato, o famoso *Sítio do Pica Pau Amarelo*.

A história das séries de TV é também paralela aos grandes *tokusatsus* japoneses, que são os seriados dos heróis, humanos ou não, com participações de robôs e monstros gigantes. É interessante ressaltar que os *tokusatsus* "nasceram" diretamente dos filmes produzidos para o cinema, especialmente dos filmes do Godzilla, ou Gojira, como é conhecido no Japão, que foram produzidos pela Toho. Com o grande sucesso, a Toei Company, em 1958, criou o primeiro herói japonês, protagonista da primeira série *tokusatsu*, chamada de Gekko Kamen.

DÉCADA DE 60

Partindo para uma década de inovações no âmbito cinematográfico das produções, entramos na era das ficções científicas, na qual os efeitos de câmera, roteiros ousados e tramas excêntricas eram apresentadas ao público.

Não apenas as séries de ficção científica começaram a fazer sucesso, como *Star Trek, Doctor Who, Perdidos no Espaço*, entre outras, como também inúmeros desenhos passaram a ser exibidos em formato de séries, diárias ou semanais, como os *Flintstones, Manda-Chuva, Looney Tunes*, que era chamado de *O Show de Pernalonga*, entre outras produções da Hanna Barbera.

Porém as produções não ficaram apenas em desenhos ou séries de ficção, pois começamos a ver os super-heróis em ação nas telinhas das TVs, como o *Batman* de Adam West, um dos mais famosos Batman da história. E fomos apresentados ao seriado de desenho "desanimado" de *Thor*, com uma animação rudimentar, na qual eram aproveitados os desenhos feitos para o próprio quadrinho, tendo movimentação apenas de boca, efeitos, olhos, entre outros pequenos detalhes.

Capitão América, Hulk, Namor, Homem de Ferro e *Thor* foram os personagens escolhidos para essa empreitada, que começaria a introduzir os personagens de quadrinhos nas telas de TV, expandindo consideravelmente o alcance dos heróis e sendo a fundação do que conhecemos hoje como "universos", tais como MCU ou DCU. Essas produções foram produzidas por Steve Krantz, responsável pelo polêmico *Fritz, the Cat*, para a Grantray-Lawrence Animation, com um orçamento bem baixo, e isso explica a falta de animação das produções, com o perdão do trocadilho, e o seu consequente fracasso.

No âmbito das sitcoms, que já haviam sido apresentadas, temos o começo das grandes produções como *A Feiticeira, Jeannie é um Gênio* e *Agente 86*. Além disso, diversas outras séries de aventura, inaugurando uma grande era para as séries de TV, com *Missão Impossível, O Túnel do Tempo, Tarzan, Terra de Gigantes* e *Viagem ao Fundo do Mar*.

Nesta década, tivemos a disparada dos tokusatsus também, com o famoso Ultraman marcando presença e crescendo de tamanho para derrotar os mais temíveis monstros de borracha da televisão. Assim, os seriados orientais tornaram-se conhecidos até no Ocidente, com produções muito icônicas como National Kid, Jaspion, Lion Man, Jiraya, entre tantos outros.

Também tivemos Thunderbirds, uma série com a técnica de marionetes e dublagem para contar a história de uma organização secreta, formada pela família Tracy, que saíam em missões de resgate ao redor do mundo.

DÉCADA DE 70

Já entrando na "fase adulta", ao completar mais de duas décadas de existência, as séries de televisão chegaram à década de 70 marcadas por uma excelente safra de ação, com seriados famosos até os dias de hoje, com diversos reboots, sequências, homenagens, filmes derivados das séries e muito mais.

> A década consagrou séries policiais como *Cyborg, O Homem de Seis Milhões de Dólares, CHIPS, As Panteras, Kojak, Havai 5.0, A Mulher Biônica*, entre vários outros. Em comum, elas mostravam personagens caricaturados, mas elevados a uma categoria acima de meros vigilantes ou defensores da lei, pois sempre tinham alguma habilidade a mais, que os tornavam verdadeiros heróis, diferenciados das pessoas comuns.

Outras séries famosas desse período foram *A Ilha da Fantasia, Casal 20, Os Gatões, Dallas* e *A Família Do Ré Mi*. Obviamente, não podemos nos esquecer das séries de super-heróis já com mais efeitos especiais, ainda que rudimentares para os padrões da atualidade. Neste período tivemos a pioneiríssima série da *Mulher-Maravilha*, protagonizada por Lynda Carter, que durou três temporadas, entre 1975 e 1979. Mas também surgiu o êxito enorme de *O Incrível Huck*, seriado na qual fomos apresentados a Lou Ferrigno vivendo o gigante esmeralda, e que durou cinco temporadas, de 1977 a 1982, gerando até mesmo mais cinco telefilmes derivados.

DÉCADA DE 80

Os anos 80 foram marcados por incontáveis produções que ocupam um espaço especial nos corações de algumas gerações de fãs da arte do cinema e televisão. Não é à toa que produções atuais como *Stranger Things* buscam capturar o ar nostálgico daquela época para os telespectadores atuais. Porém, essa década foi marcada pela ousadia das produções, pois nas telonas já despontavam produções como *Star Wars*, que mudariam de vez o rumo do cinema, refletindo também nas telinhas com produções mais audaciosas, psicodélicas e inovadoras.

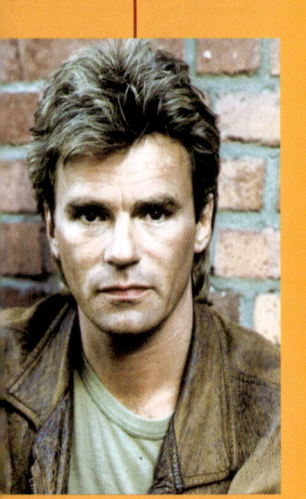

Assim, surgiram séries como *Miami Vice, Anos Incríveis, Esquadrão Classe A, Punky, Seinfeld, Cheers, Caverna do Dragão, Anjos da Lei, MacGyver, A Gata e o Rato, Full House, Super Máquina, Battlestar Galactica*, entre outras. Já nas telas brasileiras, tivemos produções produções como *TV Pirata* e *Armação Ilimitada*, que teve 40 episódios e foi uma aposta da Globo entre os anos 1985 a 1988, tornando-se uma das séries mais bem sucedidas da televisão brasileira.

> **Menção honrosa:** foi em 1989 que surgiu uma das séries mais longevas da história, *Os Simpsons*, que continua em produção com novos episódios até os dias de hoje.

DÉCADA DE 90

Podemos facilmente colocar os anos 90 como a década da consolidação das produções televisivas, cuja época foi marcada pelo crescimento das TVs por assinatura, Internet DSL a cabo e inovações tecnológicas na área mobile.

De um lado, pudemos conferir uma "explosão" de sitcoms, algumas pendendo mais para a comédia e outras para o drama, inclusive algumas sendo ainda referência para inúmeras produções atuais. A lista é enorme: *Friends, Família Dinossauro, Uma Família de Outro Mundo, Um Maluco no Pedaço, Blossom, Freaks and Geeks, Sabrina, Três é Demais, O Quinteto, Will & Grace, Dawson's Creek, The Nanny, Barrados no Baile, Mad About You*, entre tantas outras.

Por outro lado, fomos brindados com a chegada de grandes produções de ficção científica, como *Arquivo X, Star Trek: Deep Space Nine, Babylon 5, Stargate SG-1, Buffy, Charmed*, e inúmeras outras. E também precisamos destacar *Lei e Ordem, E. R., Twin Peaks* e *Família Soprano*, que inovaram profundamente os seus gêneros, cada uma de uma forma.

Um grande destaque para essa década foi o crescimento do canal Cartoon Network, que pagava carona no sucesso das produções da Hanna-Barbera Productions, lançando vários sucessos como *Laboratório de Dexter, As Meninas Superpoderosas, A Vaca e o Frango* e *Johnny Bravo*, e muito, muito mais.

E ainda as animações para o público mais adulto também floresceram nessa época, na esteira do sucesso de *Simpsons*, como *South Park, Beavis e Butthead* e *Family Guy*, ocupando um importante espaço do humor politicamente incorreto, o que fez com que esse gênero ganhasse muita audiência.

Os heróis não ficaram de fora dessa época, pois fomos apresentados a *Lois e Clark: As Novas Aventuras de Superman, Batman: A Série Animada, Hércules* e *Xena, a Princesa Guerreira*.

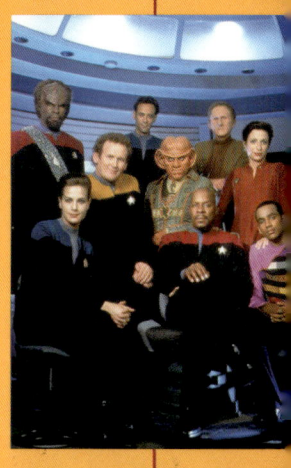

ANOS 2000

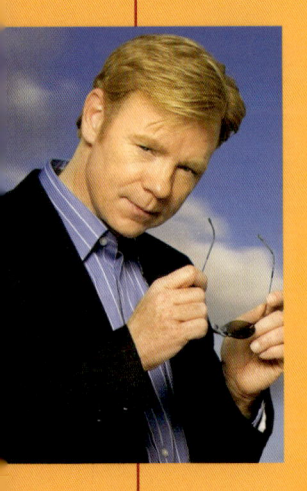

Faz poucos anos, mas, ainda assim, há muita história para contar, pois os anos 2000 tornaram-se um grande marco na história das séries, representando uma fase que igualou o nível de qualidade das produções televisivas com a indústria do cinema. Além disso, as séries foram beneficiadas por uma grande inovação tecnológica, possibilitando melhores efeitos e melhores produções.

Obviamente há estilos e formatos para todos os gostos: séries que quebram a quarta parede, séries de heróis, séries de ficção científica, séries médicas, séries policiais e inúmeros outros tipos de trama, entre drama, terror, suspense, comédia, aventura e ação.

A lista é ainda maior do que as anteriores, mas vamos mencionar alguns destaques: *Game of Thrones, Chernobyl, Prision Break, House, Roma, Modern Family, 30 Rock, The Walking Dead, Stranger Thins, Dark, House of Cards, Sherlock, Gossip Girl, 24 Horas, Supernatural, The Vampire Diaries, Todo Mundo Odeia o Chris, Eu a Patroa e as Crianças, NCIS, Chuck, Fringe, Heroes, Lost, V, CSI, Firefly, Smallville, Grey's Anatomy, The Big Bang Theory, True Blood, Community, The Office, Parks and Recreation, How I Met Your Mother, House, Gilmore Girls, The OC, Mad Men, Breaking Bad, Modern Family, Sons of Anarchy, The Tudors, Glee, Monk, Fargo, Watchmen, The Americans, Veep, Westworld, Black Mirror, The Good Place, This is Us, Fleabag, The Crown, Atlanta, The Leftovers, Battlestar Galactica, Two and a Half Men, The Good Wife, Dexter, Scrubs, Arrested Development e The Wire*. Apesar de tantos nomes, com certeza muitos ficaram de fora.

Basicamente treinando os fãs da Marvel que elaboram inúmeras teorias hoje em dia, no começo da década era necessário esperar uma semana para ter o próximo episódio. Assim, os ávidos fãs acompanhavam a trama por anos e anos, criando inúmeras teorias, alimentando fóruns e sites especializados. Ou seja, assistimos de camarote uma evolução incrível de interação entre público e produtores, gerando de certa forma o amadurecimento das produções, aprofundamento do planejamento das tramas e cuidado com todos os detalhes. Atualmente, com o investimento pesado das plataformas de streaming, não faltará opções para aquele rush de dopamina e serotonina que recebemos quando assistirmos mais um episódio. Até que venham os próximos...

Linha do Tempo

As principais séries de TV da história

- 1946 - *Pinwright's Progress*
- 1948 - *The Ed Sullivan Show*
- 1951 - *I Love Lucy*
- 1954 - *As aventuras de Rin tin tin*
- 1957 - *Perry Mason*
- **1959 - *Além da Imaginação***
- 1960 - *Os Flintstones*
- 1960 - *Show do Pernalonga*
- 1961 - *The Dick Van Dyke Show*
- 1962 - *A Feiticeira*
- **1963 - *Doctor Who***
- 1963 - *O Fugitivo*
- 1964 - *A Família Addams*
- **1965 - *Perdidos no Espaço***
- 1965 - *Agente 86*
- 1965 - *Jeannie é um Gênio*
- 1965 - *Thunderbirds*
- **1966 - *Star Trek***
- 1966 - *Missão Impossível*
- 1966 - *Túnel do Tempo*
- 1966 - *Tarzan*
- 1966 - *Ultraman*
- 1967 - *Viagem ao Fundo do Mar*
- 1968 - *Terra de Gigantes*

- 1968 - Havai 5.0
- 1970 - Família Do Ré Mi
- 1972 - Os Waltons
- 1972 - Kojak
- 1974 - O Homem de Seis Milhões de Dólares
- 1976 - As Panteras
- 1976 - A Mulher Biônica
- **1972 - Chaves**
- 1973 - Lion Man
- 1974 - Arquivo Confidencial
- 1975 - The Jeffersons
- 1977 - CHIPS
- 1977 - O Homem do Fundo do Mar
- 1978 - A Ilha da Fantasia
- 1978 - Dallas
- 1979 - Casal 20
- 1979 - Os Gatões
- 1976 - As Panteras
- 1983 - Manimal
- 1983 - Automan
- 1979 - Operação Resgate
- 1978 - Galactica
- 1982 - Cheers
- 1984 - Miami Vice
- 1985 - Jaspion
- 1985 - Esquadrão Relâmpago Changeman
- 1986 - Comando Estelar Flashman
- 1986 - A Supermáquina
- 1984 - Punky, a levada da breca
- 1985 - Moto Laser - Street Hawk
- 1988 - Jiraya
- **1988 - Anos Incríveis**

- 1983 - Caverna Do Dragão
- 1983 - Esquadrão Classe A
- 1985 - MacGyver
- 1985 - A Gata e o Rato
- 1987 - Anjos da Lei
- 1987 - Full House (Três é Demais)
- 1987 - Um Amor de Família
- **1989 - Seinfeld**
- **1989 - Os Simpsons**
- 1989 - Uma Galera do Barulho
- 1989 - Tal Pai, Tal Filho
- 1979 - Buck Rogers no século XXV
- 1984 - Águia de Fogo
- 1987 - Star Trek: The Next Generation
- 1989 - Baywatch
- **1990 - Um Maluco no Pedaço**
- **1990 - Lei & Ordem**
- 1991 - Família Dinossauro
- 1992 - Mad About You
- 1992 - Melrose Place
- 1993 - Power Rangers
- 1993 - Animaniacs
- 1993 - Beavis and Butt-Head
- 1993 - Star Trek: Deep Space Nine
- 1996 - Uma Família de Outro Mundo
- 1996 - O Laboratório de Dexter
- 1996 - Spin City
- 1997 - Oz
- 1998 - As Meninas Superpoderosas
- 1998 - Felicity
- 1990 - Barrados no Baile
- 1990 - Blossom

- **1990 - Twin Peaks**
- 1991 - Rugrats
- **1993 - Arquivo X**
- 1993 - Frasier
- 1994 - Minha Vida de Cão
- **1994 - E.R. - Plantão Médico**
- 1995 - Hércules: A Lendária Jornada
- 1995 - Xena: A Princesa Guerreira
- 1995 - Star Trek: Voyager
- 1994 - Babylon 5
- 1997 - South Park
- 1997 - Stargate SG-1
- 1997 - Ally McBeal
- 1997 - Buffy: A Caça-Vampiros
- 1998 - Dawson's Creek
- 1998 - Will & Grace
- 1998 - Charmed
- 1998 - Sex and the City
- 1998 - That 70s Show
- 1993 - The Nanny
- **1994 - Friends**
- 1994 - O Quinteto
- 1996 - Raymond
- 1996 - Sabrina: Aprendiz de Feiticeira
- 1996 - Kenal e Kel
- 1999 - Family Guy
- 1999 - Futurama
- 1999 - Freaks and Geeks
- 1999 - Angel
- **1999 - Sopranos**
- 1999 - Roswell
- 2000 - Gilmore Girls

- 2000 - Dark Angel
- **2000 - CSI**
- 2000 - Curb Your Enthusiasm
- **2001 - 24 Horas**
- 2001 - Scrubs
- 2001 - Six Feet Under
- **2001 - Eu a Patroa e as Crianças**
- 2001 - The Office UK
- 2002 - Firefly
- 2002 - The Wire
- 2002 - Monk
- 2002 - Everwood
- 2002 - She Spies
- 2002 - The Shield
- **2003 - Two and a Half Men**
- 2003 - NCIS
- 2003 - As Visões de Raven
- 2003 - The O.C.
- 2003 - Arrested Development
- 2004 - Battlestar Galactica
- **2004 - Lost**
- **2004 - House**
- 2004 - Entourage
- 2005 - Roma
- **2005 - Prison Break**
- **2005 - Grey's Anatomy**
- **2005 - Supernatural**
- **2005 - Todo Mundo Odeia o Chris**
- **2005 - How I Met Your Mother**
- 2005 - Bones
- 2005 - The Office (EUA)
- 2006 - 30 Rock

- 2006 - The New Adventures of Old Christine
- 2006 - Dexter
- **2007 - Mad Men**
- 2007 - Gossip girl
- 2007 - The Tudors
- **2007 - The Big Bang Theory**
- 2008 - True Blood
- 2008 - Fringe
- 2008 - Sons of Anarchy
- **2008 - Breaking Bad**
- 2009 - The Vampire Diaries
- **2009 - Glee**
- 2009 - Modern Family
- 2009 - The Good Wife
- 2009 - Parks and Recreation
- 2009 - Community
- **2010 - Walking Dead**
- **2011 - Black Mirror**
- **2011 - Suits**
- **2011 - Game of Thrones**
- **2011 - Once Upon a Time**
- **2011 - Homeland**
- 2012 - Veep
- **2013 - House of Cards**
- 2013 - Rick and Morty
- 2013 - Hannibal
- 2013 - Orange is the New Black
- 2013 - Peaky blinders
- **2013 - Vikings**
- 2013 - Brooklyn Nine-Nine
- **2014 - Fargo**
- 2014 - Jane, a virgem

- 2014 - Sherlock
- 2014 - True Detective
- 2014 - The Leftovers
- 2014 - The 100
- 2015 - Better Call Saul
- 2015 - Mr. Robot
- 2016 - This Is Us
- 2016 - Fleabag
- 2016 - Stranger Things
- 2016 - The Good Place
- 2016 - American Crime Story
- 2016 - The Crown
- 2016 - Westworld
- 2016 - Atlanta
- 2016 - Green Leaf
- 2017 - American Gods
- 2017 - La Casa de Papel
- 2017 - 13 Reasons Why
- 2017 - Riverdale
- 2017 - Ozark
- 2017 - The Marvelous Mrs. Maisel
- 2017 - Anne with an E
- 2017 - Twin Peaks: O Retorno
- 2017 - Big Little Lies
- 2017 - Dark
- 2017 - The Handmaid's Tale
- 2018 - A Maldição da Residência Hill
- 2018 - Cobra Kai
- 2018 - Killing Eve
- 2019 - The Umbrella Academy
- 2019 - The Witcher
- 2019 - Euphoria

2019 - Chernobyl
2019 - O Mandaloriano
2020 - O Gambito da Rainha

Séries Brasileiras

1950 - Rancho Alegre
1952 - Sítio do Picapau Amarelo
1953 - Alô, Doçura!
1979 - Plantão de Polícia
1982 - Lampião e Maria Bonita
1984 - Marquesa de Santos
1985 - Armação Ilimitada
1985 - O Tempo e o Vento
1985 - Grande Sertão: Veredas
1986 - Anos Dourados
1988 - TV Pirata
1988 - O Pagador de Promessas
1989 - Capitães de Areia
1991 - Mundo da Lua
1992 - Anos Rebeldes
1992 - As Noivas de Copacabana
1993 - Agosto
1994 - Confissões de Adolescente
1995 - Engraçadinha
1996 - Saí de Baixo
1997 - Chiquititas
1998 - Dona Flor e seus Dois Maridos
1999 - O Auto da Compadecida
2000 - A Muralha

- 2001 - Os Maias
- 2001 - Os Normais
- 2003 - Sob Nova Direção
- 2003 - A Casa das Sete Mulheres
- 2005 - Hoje é Dia de Maria
- 2005 - Mad Maria
- 2005 - Cidade dos Homens
- 2006 - JK
- 2008 - Capitu
- 2009 - Som & Fúria
- 2011 - A Mulher Invisível
- 2012 - Dercy de Verdade
- 2012 - Gonzaga, de Pai para Filho
- 2015 - Mister Brau
- 2016 - 3%
- 2016 - 1 Contra Todos
- 2016 - Supermax
- 2016 - Nada Será como Antes
- 2017 - Aldo, Mais Forte que o Mundo
- 2018 - O Mecanismo
- 2019 - Santos Dumont
- 2020 - Hebe
- 2021 - Cidade Invisível

Séries de super heróis

- 1951 - As aventuras do Superman
- 1966 - Batman
- 1966 - Capitão América
- 1966 - Namor, Príncipe Submarino

- 1966 - Homem de Ferro
- 1966 - Hulk
- 1966 - Thor
- 1974 - Capitão Marvel (Shazam)
- 1975 - Mulher-Maravilha
- 1978 - Incrível Hulk
- 1981 - The Greatest American Hero
- 1992 - Batman: A Série Animada
- 1993 - Lois & Clark: As Novas Aventuras do Superman
- 2001 - Smallville
- 2012 - Arrow
- 2014 - The Flash
- 2015 - Supergirl
- 2016 - Legends of Tomorrow
- 2019 - The Boys
- 2019 - Watchmen
- 2019 - Batwoman
- 2019 - O Monstro do Pântano
- 2020 - Stargirl
- 2021 - Wandavision
- 2021 - Falcão e o Soldado Invernal

60 DIAS NO MUNDO DAS SÉRIES